# 요즘
# 소비
# 트렌드

요즘 소비 트렌드

**초판 1쇄 인쇄 2022년 10월 30일**
**초판 1쇄 발행 2022년 11월 10일**

지은이 **노준영**
펴낸이 **우세웅**
책임편집 **김휘연**
기획편집 **정보경**
콘텐츠기획·홍보 **전다솔**
북디자인 **이선영**

종이 **페이퍼프라이스㈜**
인쇄 **동양인쇄주식회사**

펴낸곳 **슬로디미디어그룹**
신고번호 **제25100-2017-000035호**
신고연월일 **2017년 6월 13일**
주소 **서울특별시 마포구 월드컵북로 400, 상암동 서울산업진흥원(문화콘텐츠센터)5층 22호**
전화 **02)493-7780**
팩스 **0303)3442-7780**
전자우편 **wsw2525@gmail.com(원고투고·사업제휴)**
홈페이지 **slodymedia.modoo.at**
블로그 **slodymedia.xyz**
페이스북,인스타그램 **slodymedia**



ISBN 979-11-6785-091-1 (03320)

미코노미 · 미닝아웃 · ESG · 큐레이션 · 가치소비 등

**마케터의 시각으로 본 '핫'한 소비 트렌드 읽기**

# 요즘 소비 트렌드

노준영 지음

슬로디미디어

# 우리는 왜 트렌드에서 의미를 찾아야 하는가?

"트렌드, 그거 흘러가버리는 흐름 아닌가요?"

상황에 따라 이렇게 생각할 수도 있다. 트렌드라는 단어 자체가 흘러간다는 이미지가 강하다. 그래서 트렌디한 사람은 항상 새로운 변신을 시도할 것만 같은 느낌이 든다. SNS와 길거리를 장악하는 소위 '인싸'들은 늘 색다른 요소들을 받아들이고 적용할 것만 같은 생각이 들기도 한다. 하지만 정작 진짜 트렌드를 따라가고, 진짜 흐름을 선도하는 인싸들은 자신만의 '정체성'을 가지고 있다. 즉, 이 정체성의 범주 안에서 새로운 이야기들을 마련한다는 것이다. 아무리 트렌드가 좋다고 한들, 자신의 고유한 색깔은 버리지 않는 게 바로 진짜 트렌드의 의미다. 그러니 흘러가버리는 누군가의 유행 선도가 트렌드라는 생각은 이제 그만하자. 이런 개념을 단순히 스타일이나 유행이 아닌 사회적 트렌드와 소비로 확장하면 우리가 알아야 하는 이야기는 더 많아진다.

사회적 트렌드를 반영하는 것 중에 대표적인 게 바로 소비라고 생각한다. 사람들이 돈을 쓰고, 관심을 보이는 지점이 소비다. 힘들게 번 돈을 가치 있게 쓰고자 고민한 후에 결과를 받아들이는 행위가 소비다. 당연하게도, 이는 매우 중요한 의미를 담고 있다. 그래서 소비의 흐름, 소비를 끌어내기 위한 기업의 노력, 그리고 소통 구조를 바꾸고자 하는 기관의 콘텐츠 소비 유도를 지켜보면 현상이 보인다. 우리는 트렌드를 보고 의미를 찾아야만 하는 과제를 손에 들고 있다. 생각보다 이유는 단순하다. 이는 사회를 이해하고, 소통의 손길을 내미는 방식이기 때문이다.

현재 우리는 다원화된 사회에 살고 있다. 예전처럼 거대한 물결이 모든 걸 결정하지 않는다. 각자 원하는 바를 실행하려고 하며, 이를 통해 소비의 즐거움을 만끽하고자 한다. 즉, 사회를 이해하는 방식이 과거처럼 단순하지 않다는 것이다. 소위 물결같이 거대한 메가 트렌드 몇 가지로 모든 현상을 정의하기보다는, 트렌드 속에 숨겨진 의미를 발견해 각자에게 적용할 수 있는 방안을 찾아야 실수를 줄일 수 있게 되었다. 물론 실수는 누구에게나 발생하지만, 기본보다 더 빨라진 뉴미디어 시대는 잦은 실수를 용납하지 않고 있다. 한 분야에 수많은 제품과 서비스, 콘텐츠가 존재한다. 실수를 줄이고, 대중들에게 어필할 수 있는 가능성을 높이기 위해서라도 현상에 대한 이해는 반드시 필요해졌다. 내가 이 책을 기획하고, 트렌드에 대한 시선을 거두지 않은 가장 큰 이유도 많은 기업과 기관, 그리고 브랜드들이 실수하는 순간을 줄여보고 싶다는 마음이 컸기 때문이다.

몇 번 주어지지 않은 기회를 반드시 붙잡는 순간을 트렌드에 대한 이해가 만들어 줄 것이라 확신한다.

또 다른 이유는 소통이다. 소통이란 단순히 대화하는 게 아니라, 대중들과 의견을 주고받고, 이들의 반응에 응답하며, 전반적인 매출 구조를 만들어가는 작업 자체라고 생각한다. 과거처럼 일방적으로 공급하는 제품들이 환영받지 못하는 시대다. 대중들은 자신들이 관심 있는 키워드에 따라 반응하며, 이 방식이 트렌디하다면 더 빠른 반응으로 기업과 브랜드를 응원하고 있다. 그래서 트렌드에 대한 의미는 소통의 재료 그 자체다. 대중들의 움직임을 압축하고 있으니, 이 움직임에 따라 중요한 구조를 만든다면 큰 무리 없이 '니즈(Needs)'를 반영할 수 있게 되는 것이다. 소통의 중심에도 트렌드가 존재하기에, 소통이 더 많아질 뉴미디어의 시대를 철저하게 대비하며 이 책을 생각하게 되었다.

결론적으로 트렌드에서 의미를 찾는 건 기업과 브랜드, 기관에는 반드시 필요한 작업이다. 또한 기업과 브랜드, 기관이 아닌 개인이라도 현시점에서 뉴미디어에 적응하고 잘못된 판단을 줄이기 위한 혜안으로 작용할 것이다.

이 책이 뉴미디어에 대한 최적화를 돕고, 다양한 활동을 위한 시행착오를 줄이는 데 큰 도움이 되길 바란다. 또한 누구나 스스로를 '인싸'라고 부를 수 있는 자신감을 더하는 데 밑거름이 될 수 있길 기원한다.

| 차 례 |

## PART 2 소비의 손길은 결국 '나'를 향한다



## PART 3 경험의 시대, 사진과 영상 재료를 제공하라

PART 4

## 큐레이션 : 개인화와 경제성의 양면적 매력



PART 5

## 가치소비, 정서적 만족감을 노려라

## PART 6 합리적 프리미엄, 나를 위한 작은 사치



## PART 7 근거리 소비 트렌드, 로코노미 열풍은 왜 불었나?

PART 8

# 워케이션, 불편한 동거는 어떻게 트렌드가 됐나?

PART 1

# 미코노미 (Meconomy), 세상의 중심은 '나'

# 세상의 중심에서 나를 외치다

"세상의 중심에서 나를 외치다"

모두가 익히 들어온 표현일 것이라 생각한다. 그간 이 표현의 '나'의 자리에 다른 요소를 삽입해 수많은 카피와 타이틀이 만들어졌다. 하지만 이제 이 표현의 '나'의 자리는 그 무엇도 대체할 수 없다. 그만큼 '나'의 대한 관심이 늘어났고, 그 무엇도 대체하기 어려운 가치로 확고히 자리매김했기 때문이다.

그래서 우리는 지금을 미코노미(Meconomy)의 시대라고 말한다. 나를 의미하는 단어 미(Me)와 경제를 뜻하는 단어 이코노미(Economy)의 합성어다. 스스로를 중심으로 모든 경제 활동을 바라보는 것이다.

2019년에 출간한 저서 《인싸의 시대, 그들은 무엇에 지갑을 여는가》에서 이 추세를 '1인칭 중심 사회'라는 단어로 표현했었다. 당시에도 나 자신에게 집중하는 추세는 하나의 현상으로 충분히 언급되었지만, 이제는 아에 소비를 좌우하는 트렌드로의 역할을 다하고 있다. 본격적으로 이 트렌드에 대해 언급하기 전에 한 가지 미리 밝혀두고 넘어갈 건 '나'라는 단어를 너무 자주 쓰기엔 가독성 면에서 무리가 생길 것이라고 생각한다. 따라서 '나'라는 단어 대신 '1인칭'이라는 단어를 이용해 표현하기로 한다.

애초에 1인칭에 대한 관심이 우연은 아니었다. 우리는 이미 개인주의라는 단어로 각자의 삶에 대한 관심을 표현했다. 개인주의라는 단어와 이기주의라는 단어를 혼동해 오해가 생기기도 했지만, 우리는 끊임없이 개인주의의 긍정적 측면에 주목하며 집단의 가치를 뛰어넘는 개인의 시대를 열었다. 그러니 1인칭에 대한 집중이 갑자기 시작된 건 아니라는 것이다. 하지만 뭔가가 부족했다. 개인의 가치를 추구하기엔 소비의 선택지들이 그리 많지 않았기 때문에 팔릴 만한 수단, 곧 다수가 원하는 선택지에 집중할 수밖에 없었다. 다수가 원하는 선택지, 즉 가장 많이 팔려나가는 것들에 전력을 투구했다는 것이다. 그러니 말만 개인주의였다. 소비에서는 여전히 집단의 가치가 훨씬 우선시되었다. 하지만 입장을 바꿔 생각해보면 이 상황을 비판적 시선으로 보기도 쉽지 않았다. 생각해보라. 여러분이 만약 회사의 대표라고 가정해본다면 100명이 찾는 상품을 공급하겠는가, 아니면 1명이 찾는 상품을 공급하겠는가? 당연히 전자의 상품을 선택할 것이다. 기업과 브랜드는 필연적으로 상업적 가치를 추구해야 하는 집단이다. 너무나 당연하게도, 상업적 의미가 될 만한 방향성을 따라가게 마련이다. 이 당연한 명제는 1인칭에 대한 관심을 가로막는 큰 걸림돌이었다.

하지만 그 와중에도 1인칭에 대한 관심은 끊임없이 커지고 있었다. 대표적인 사례가 바로 '비건'이다. 비건은 육식을 피하고, 식물을 재료로 만든 음식만을 먹는 사람을 이르는 말이다. 비건도 먹는 음식에 따라 다양하게 분류된다. 그만큼 개인적인 움직임을 적극적으로 반영하는 개념이라도 봐도 무방할 것이다. 사실 과거에도 비건을 추구하는 사람들은 있었다. 매체에서도 많이 언급되었지만, 문제는 비건식을 쉽게 구하기 어려웠다. 왜 그럴까? 앞서 언급된 문단에서 답을 찾을 수 있다. 비건 인구보다는 일반적 식사를 추구하는 사람들이 더 많았기 때문이다. 당연하게도 기업과 브랜드는 더 많은 타겟층을 대상으로 제품과 서비스를 공급해야 했다. 그러니 비건식은 외부에 나와 사회생활을 해야 하는 사람들에게는 늘 골치 아픈 과정이었다. 하지만 지금은 상황이 달라졌다. 심지어 편의점에서도 비건식을 살 수 있기 때문이다. 그렇다면 그사이 많은 상황들이 달라진 것일까? 결론부터 말하면 그렇다. 비건 인구는 그간 끊임없이 증가해왔고, 이에 따라 많은 타겟 소비층이 생긴 것도 사실이다. 하지만 이것만으로는 부족하다. 과거에도 이렇게 특정 제품을 가치에 따라 소비하는 대중들은 있었다. 그런데도 기업과 브랜드는 움직이지 않았다. 그간 도대체 어떤 일들이 있었길래, 기업과 브랜드는 1인칭에 대해 이렇게 많은 관심을 드러내고 있는 것일까?

## 뉴노멀, 팬데믹이 준 교훈을 새롭게 정의하라

팬데믹이 가져온 뉴노멀은 단순히 기존과 다른 새로운 기준과 질서만을 뜻하는 게 아니다. 팬데믹은 우리의 사고 구조 자체를 1인칭 중심으로 바꿔놓았다. 이유는 간단하다. 팬데믹이 가져온 수많은 이야기들의 방향성이 개인을 향하고 있기 때문이다. 생각해보자. 팬데믹 속에서 건강을 지키고, 새로운 기준을 배우며 앞으로 나아가야 하는 중심은 결국 '나'다. 감염병의 특성을 고려할 때, 타인에게 병을 옮길 수 있는 주체는 누구인가? 이 역시 '나'다. 스스로 감염병에 대한 관심을 가지고 예방을 위한 행동을 실천할 때, 타인에게도 건강한 시간을 선사할 수 있는 것이다. 그러니 스스로에 대한 관심과 소비를 게을리할 수 없었다. 팬데믹이 가져온 수많은 사고 구조 변화의 중심에는 결국 '나'라는 존재가 있던 것이다.

이뿐만이 아니다. 팬데믹은 사회라는 공간 안에서 각자의 존재를 고립시키는 결과를 가져왔다. 거리두기를 통해 평소 아꼈던 사람들과 멀어져야 했고, 적극적인 사회적 가치 창출을 더디게 만들었다. 그렇게 우리는 일명 '집콕'이라는 개념을 마주했다. 집에 머물며 많은 시간을 보냈고, 또 많은 소비를 했다. 이런 시간은 스스로를 돌아보는 기회를 만들었다. 어쩌면 바쁘게 움직이는 사회 속에서 신경 쓰지 못했던 자신에게 더 많은 관심을 투자하게 된 것이다. 꼭 자신이 아니더라도 좋다. 나의 가족, 나에게 소중한 존재 등 관심을 쏟아야 하는 대상의 인지 기준이 1인칭으로 변화했다. 그러니 당연하게도, 소비와 판단의 기준점 역시 1인칭으로 달라지는 과정을 겪게 된 것이다. 여기에 불확실성이라는 애매한 단어도 불을 붙였다. 불확실성이라는 단어는 말 그대로 확실하지 않은 것들을 상징한다. 즉, 매우 모호한 단어라는 것이다. 팬데믹을 겪기 전 예측했던 많은 것들이 빗나갔고, 차곡차곡 쌓아 올렸던 계획들도 틀어졌다. 이런 환경 속에서 대중들은 10년 뒤보다는 1년, 1년 뒤보다는 1달 뒤를 내다보는 등 판단 기준이 되는 시간의 단위를 짧게 만들었다. 불과 몇 달 뒤를 예측하기도 어려운 시점에서, 몇 년 뒤를 내다보며 계획을 짜는 일 자체에 의미가 없다고 생각한 것이다. 판단 기준으로 작용하는 시간의 단위가 짧아진다는 건, 결국 스스로에게 더 집중해야 한다는 것을 뜻한다. 그야말로 나에게 집중할 시간도 없는데, 집단의 가치에 기여할 여력은 더더욱 없다. 하루를 보낸다고 할지라도, 스스로를 위해 더 많은 여력을 확보하는 게 훨씬 의미 있는 일이 되었다. 그래서 1인칭에 대한 사람들의 집중은 높아졌고, 앞으로도 커질 가능성이 높다. 이렇듯 팬데믹은 단순히 새로운 기준만을 제공한 게 아니다. 트렌드를 바라보는 관점까지 바꿔놓았고, 이 변화의 중심에는 이 시대의 개인들이 존재한다는 걸 반드시 인지해야 할 것이다.

# 나의 행복이 세상의 기준, MZ세대와 기성세대의 변신

팬데믹뿐만 아니라 행복을 바라보는 기준도 변화를 겪고 있다. 이미 MZ세대가 각자의 행복을 바탕으로 사회를 받아들인다는 건 익히 알려진 사실이다. 기존의 문화가 집단의 가치나 번영을 제시했다면, 이제는 각각의 모두 다른 행복 지향점을 찾아가는 세상이 열렸다. MZ세대들은 이미 성과급에 대한 논쟁을 통해 각자의 가치를 중시하는 문화를 보여주었고, 저녁이 있는 삶에서 행하는 다양한 소비 방향성을 드러내기도 했다. 각자의 삶의 기준을 만들고, 사회적 분위기가 만들어 낸 개념들에 반기를 들었다. 또한 음지에 있던 마니아층, 일명 '덕후'를 수면으로 끌어올렸으며, 각자의 기준에 따라 기업과 브랜드에 할 말은 제대로 하는 모습을 보여줬다. 이 모든 행위의 중심에는 1인칭에 대한 관심이 존재했으며, MZ세대는 이 추세를 기준으로 받아들이고 있다.

하지만 트렌드를 보면, 이제 기성세대도 MZ세대의 방식을 수용하고 있는 방향으로 나아가고 있다. 인터넷 상거래 사이트에 가입한 5060의 비율의 수치가 2021년과 2022년을 거치며 가장 크게 증가하였다. 과거 자녀들에게 인터넷 주문을 부탁했던 5060은 이제 자신이 원하는 걸 직접 사기 위해 인터넷 쇼핑에 당당하게 뛰어들었다. 이뿐만이 아니라, 좋아하는 가수를 위해 현장에 뛰어들고, 굿즈 제품을 구매하는 일명 '덕질'도 한다. 임영웅, 송가인 등으로 대표되는 트로트 열풍에 따라 팬클럽이 만들어졌고, 이 팬클럽의 대부분은 장년층이다. 이들은 콘서트 현장을 찾아 응원하고, 좋아하는 가수가 광고 모델로 등장한 제품을 적극적으로 소비하며 '내 가수 기 살리기'에 동참한다. 이런 변화는 기성세대가 mz세대와 마찬가지로 1인칭에 대한 관심을 가지기 시작했기 때문이다. 과거의 부모상은 희생적인 이미지가 강했지만, 지금의 트렌드는 이런 부모상을 강요하지 않는다. 자녀에 대한 사랑과 관심은 여전하지만, 이와 동시에 자신의 행복을 위해 균형을 추구하며, 자녀뿐만 아니라 스스로의 행복에도 집중하는 게 지금의 장년층이다.

결국 mz세대의 트렌드인 1인칭에 대한 관심은 전 세대를 아우르고 있다. 지금의 mz세대가 기성세대가 되고, 지금 트렌드에 익숙한 세대는 계속해서 성장할 것이다. 즉, 1인칭에 대한 관심은 더 커질 것이라는 뜻이다.

# 뭐 하나라도 건강에 도움 되는 걸로? 필(必)건강 트렌드의 확산

자, 이제부터는 1인칭에 대한 관심의 배경을 알았으니, 이런 추세가 만들어내고 있는 트렌드에 대해 본격적으로 알아보자. 가장 핵심적으로 알아야 할 트렌드는 바로 '필(必)건강 트렌드'이다. 건강이라는 주제에만 한정시킨다면, 소비를 결정할 때 건강에 도움 되는 부분을 고려하는 추세를 말한다. 여기서 조금만 범위를 넓혀본다면, 뭐 하나라도 도움이 될만한 포인트를 찾고 있는 실용적 소비 트렌드까지 확장시킬 수도 있다. 다들 어느 정도 예상했겠지만, 필(必)건강 트렌드에 불을 붙여준 건 역시나 팬데믹이었다. 감염병의 특성상 면역력을 끌어올리기에 주력하는 사람들이 많았다. 그래서 자연스럽게 건강에 대한 관심이 커졌다. 그러다 보니 건강기능식품, 위생용품 등에 많은 수요가 몰렸다. 올리브영 등 일명 헬스&뷰티 스토어들은 기존의 뷰티보다는 헬스에 더 큰 관심을 기울였다. 그렇게 소비에 영향을 주는 큰 요소 중 하나로 건강이라는 키워드가 떠올랐다. 하지만 좀 더 본질을 바라보면, 필(必)건강 트렌드는 팬데믹만큼이나 1인칭에 대한 관심이 영향을 주었다.

많은 사람들이 인지해야 하는 사실 중 하나는 2030의 건강 관리에 대한 욕구가 소비에 나타나기 시작한 시점이 팬데믹 전후는 아니라는 것이다. 물론 앞서 언급한 대로 팬데믹이 속도를 끌어올린 건 사실이다. 하지만 2030의 적극적인 건강 관련 소비 유입은 이미 2018년부터 이뤄졌다. 당시 핵심 소비 제품은 건강기능식품의 일부인 홍삼이었다. 따라서 홍삼 제품을 시장에 선보인 기업들은 모델의 연령대를 지속적으로 낮춰가며 2030에게 손짓을 하고 있는 상황이었고, 홍삼뿐만 아니라 비타민으로 대표되는 영양제들도 다변화를 꾀하며 젊은 세대에게 호응을 얻었다.

그렇다면 기존에는 대중들이 건강에 관심이 없었을까? 당연히 아니다. 하지만 기성세대는 자녀들을 위해 소비하는 경우가 많았고, 반대로 2030은 부모님을 위해 소비하는 사례가 더 많았다. 또한, 건강기능식품의 마케팅은 늘 명절을 전후로 집중되는 경향을 보였다. 그러나 지금은 이와 다르게 1년 내내 마케팅을 벌이고 있는 게 사실이다. 모델의 연령대가 낮아지는 건 이제 하나의 기준이 되었다. 2030과 적극적으로 호흡할 수 있는 이미지의 엔터테이너를 모델로 기용해 간극을 좁힌다. 이에 따라 2030은 부모님을 위한 건강기능식품 소비뿐만 아니라, 자신의 건강을 챙기기 위한 소비에도 나선다. 즉, 과거보다 전반적으로 소비 규모가 커질 수밖에 없는 상황에 다다른 것이다. 실제로 건강기능식품 시장은 지속적으로 상승 곡선을 그리고 있다. 냉정하게 판단했을 때, 소비의 대전제 중 하나는 천장을 뚫고 나갈 수 없다는 사실이다. 언젠가는 상승 곡선이 둔화되거나, 제자리를 맴돌 수도 있다는 뜻이다. 그럼에도, 거대화된 시장 규모는 필(必)건강 트렌드의 위력을 제대로 보여주고 있다.

# 결국은 나에게로 돌아오는 소비

이런 필(必)건강 트렌드는 단순히 건강이라는 단어보다는 좀 더 큰 개념의 본질을 볼 필요가 있다. 앞서 잠깐 언급하고 넘어온 사실이지만, 건강을 챙기는 건 결국 누구를 위한 일인가? 자신을 위한 일이다. 혹은 내 주변의 소중한 사람들을 위한 일이다. 내가 건강해야 타인도 적극적으로 챙길 수 있기 때문이다. 즉, 필(必)건강 트렌드는 단순히 건강에 집중하는 트렌드가 아니라 각자 자신에게 관심을 표하는 1인칭과 밀접한 연관이 있다는 것이다. 그래서 건강이라는 키워드와 개인이라는 가치를 생각하면 좀 더 면밀한 이해가 가능한 트렌드다. 곰곰이 생각해보면, 자신을 위한 소비는 그렇게 아깝지 않은 측면이 많다. 1인칭에 대한 관심이 확산되기 전에도 일명 "나를 위한 한 끼", "나를 위한 선물" 등 스스로를 중심에 두는 소비를 유통업계에서 강조하곤 했다. 고생한 자신을 위해 소비를 한 건 딱히 어색한 일이 아니었다는 것이다. 이미 이런 상황에 익숙해져 있는 대중들은 필(必)건강 트렌드 역시 빠르게 받아들일 수 있었다. 굳이 표현하자면 "나의 건강을 위한 선물" 정도가 아니겠는가? 결국은 자신에게도 돌아오는 소비였기 때문에 어색하지 않았고, 자연스러운 흐름 정도로 받아들일 수 있었다고 판단할 수 있다.

앞으로도 이런 추세는 더 강해질 것이라고 예상한다. 스스로를 위한 익숙해진 소비 경험을 버리는 건 쉬운 일이 아니다. 게다가 사회 트렌드가 집단보다는 개인을 향하는 부분이 더 많아지고 있다. 모든 사고의 중심에 자신을 놓고, 이후에 발생하는 효과나 연결성을 고려하는 흐름 역시 힘을 얻고 있다. 따라서 완전히 새로운 트렌드가 등장한다고 해도 자신을 향한 관심은 줄어들지 않을 것으로 본다.

게다가 건강이라는 키워드는 단순히 건강기능식품에 그치지 않고, 운동이나 관리, 뷰티 등 다양한 소비 행위로의 확장성이 존재한다. 확장성이 없는 단순한 소비는 자체로 재미를 담보하기 어려워 오래 이어지기 어렵다. 하지만 확장성이 존재하는 소비는 입체적인 재미 때문에 다양한 현상으로 이어지는 경우가 많다. 건강이라는 키워드의 확장성을 고려해 봤을 때, 스스로에 대한 관심을 바탕으로 한 다양한 소비가 꼬리를 물고 이어질 가능성이 높아보인다. 즉, 필(必)건강 트렌드는 다채로운 키워드를 타고 곳곳에서 영향을 미칠 수 있을 것으로 예상된다.

PART 2

# 소비의 손길은 결국 '나'를 향한다

# 즐겁게, 오래! 헬시플레저의 시대

건강이라는 키워드를 확장시켰을 때 가장 먼저 다가오는 개념은 역시 관리다. 뷰티 측면에서의 관리도 있고, 스스로의 만족감을 위한 관리도 존재한다. 두 가지 모두 건강한 상태를 유지하고자 하는 마음에서 비롯된다. 방향성은 살짝 다를 수도 있겠지만, 본질적인 의미는 유사하다. 그렇게 건강이라는 키워드 안에서 가장 주목받는 개념이 바로 '헬시플레저'이다. 건강한 상태를 뜻하는 영단어인 헬시(Healthy)와 즐거움을 뜻하는 영단어 플레저(Pleasure)가 결합된 헬시플레저는 말 그대로 즐겁게 건강을 추구하는 방식을 말한다. 과연 관리와 건강 유지가 즐겁게 가능할까?

그동안 우리가 본 대부분의 운동 영상들에서는 얼굴을 찌푸려가며 힘들게 과정을 소화한다. 닭가슴살로 대표되는 식단 관리 역시 맛과는 거리가 멀게 느껴진다. 그렇다면, 즐겁지 않은 관리는 과연 오래 유지할 수 있는가? 즐겁지 않은 관리로 스스로를 괴롭게 만드는 게 정말 자신을 위한 일인가? 이 질문에 대한 답은 분명 갈리겠지만, "아니오"라는 대답을 하는 사람들이 많아지고 있다. 결국 건강은 스스로를 위해 추구하는 것인데, 스스로에게 괴로운 지점들이 생기는 것이다. 이를테면 무더운 날 시원하게 들이켜는 탄산음료의 즐거움을 포기하면 관리는 가능하겠지만 행복감은 조금 줄어들 수 있다. 좋아하는 음식이 자꾸 생각나 관리를 포기하기도 하고, 스스로를 위해 시작한 일이 아이러니하게도 행복감을 빼앗아 가는 일이 되기도 한다. 그래서 해결책이 필요했다. 이 해결책에 대한 추구를 바로 헬시플레저라고 보면 된다.

발 빠르게 복귀한 펩시의 제로슈거 제품은 좋은 반응을 얻었다(출처: 롯데칠성음료).

가장 대표적인 사례로 바로 제로 칼로리 탄산음료 시장이다. 특히 헬시플레저를 빠르게 읽었던 롯데칠성음료는 발 빠르게 '펩시 제로슈거'를 시장에 복귀시켰다. 이후 '코카콜라 제로'와 본격적인 경쟁이 다시 시작되었고, 좋은 반응을 얻었다. 이에 칠성사이다도 제로 출시에 합류하며 매출 상승을 견인했다. 실제 매출 자료를 보면 트렌드 적응에 따른 결과는 더 확실하게 드러난다. 제로 칼로리 탄산음료 포트폴리오를 확장한 후 롯데칠성음료는 매출을 13.9%가량 늘렸다. 특히 탄산 카테고리 매출은 22.6%

까지 끌어올렸고, 펩시 제로슈거는 이 기간에 22.6% 성장하며 탄산 시장 점유율을 빠르게 끌어올렸다. 칠성사이다 제로 역시 출시 이후 1년 정도의 시간 동안 1억 캔 이상의 판매량을 올리며 대중들의 호응을 얻었다. 이는 트렌드에 대한 빠른 인지와 적응이 만들어낸 결과이다.

오뚜기의 '컵누들'은 사실 아주 새롭게 다가오는 제품은 아니지만, 헬시플레저 트렌드와 함께 주목받았다는 사실은 잊지 말아야 한다. 일명 오뚜기의 "조용한 효자"라고 불리는 컵누들은 헬시플레저 트렌드가 본격화된 2019년과 2020년 사이부터 시작해 15~30% 사이의 매출 증가율을 매년 기록했다. 그야말로 고속 성장세이다. 컵누들 역시 관리의 차원에서 탄수화물을 줄여야 하는 대중들에게 라면의 대체자원 중 하나로 주목받았다. 이 추세에 맞춰 라인업을 다양화하며 지속적인 성장을 목표로 달려나가는 모습이다. 이외에도 저칼로리 소스, 주류, 과자, 그리고 밀가루 면의 대체 제품 등 사례가 매우 많다. 반드시 식품이 아니어도 마음 챙김 등 정

라면이 라면다워야 하는 건 이제 옛말일 수도 있겠다(출처: 오뚜기).

신적인 건강 상태를 유지해 즐겁게 지내고자 하는 대중들의 수요가 몰리며 영상 콘텐츠, 애플리케이션 등의 시장도 크게 움직이고 있다. 그렇다면 이렇게 트렌드와 소비를 뒤흔들고 있는 헬시플레저에 숨겨진 의미는 도대체 무엇일까?

## 행복은 추구하는 사람의 것

첫 번째는 행복에 대한 개념의 변화다. 앞서 잠깐 언급했지만, 트로트 열풍 등 기성세대의 열정적 소비는 행복에 대한 개인적 개념 때문에 가능했다. 과거에는 '가족'이라는 집단적 개념을 좀 더 고려했다면, 이제는 '자신'이라는 개인적 개념을 함께 고려하며 균형 잡힌 행복을 추구하게 되었다는 것이다. MZ세대 중 일부인 2030 역시 마찬가지다. 관리는 자신이 원하는 경우도 있지만, 사회가 은연중에 강요하는 미에 대한 기준도 상당한 영향을 준다. 이러한 가운데 강요받는 기준에 반기를 들고, 각자의 아름다움을 추구하는 현상이 나타났다. '바디 포지티브(Body Positive)' 트렌드가 바로 그것이다. 바디 포지티브는 나의 몸을 긍정하는 생각을 말한다. 뉴미디어가 만들어 낸 이상적인 몸에 대한 관념을 벗어던지고, 몸에 대한 이해와 존중을 추구하는 것이다. 이렇게까지 스스로를 긍정하려 노력하는 대중들에게, 반강제적인 관리의 지속은 쉽지 않은 일이 되었다. 외부의 기준에 의해 관리를 하는 상황, 그리고 이 관리를 통해 스스로에게 고통을 주는 상황은 반갑지 않은 것이다. 그러니 자연스럽게 관리를 추구하거나, 스스로에게 주는 고통을 줄일 필요가 생겼다. 그래야 더 행복한 상태로 나아갈 수 있으니 말이다.

지금의 트렌드에서 행복은 집단이 아니라 결국 개인에게 달려있다. 주체적인 관리를 추구함에 있어서 헬시플레저는 반드시 필요한 개념이다. 바꾸고 대체하기도 하지만, 아예 버리지는 않는다. 자신의 가치에 대한 긍정, 그리고 행복에 대한 주체적 추구가 헬시플레저를 만들어간다고 보면 좋을 것이다.

# 지속 가능해야 '찐(진짜)'이다

또 다른 한 가지는 지속 가능함에 대한 관심이다. 이는 다음 장에서 이야기하게 될 가치소비나 ESG와도 큰 연관이 있다. 결국 지속 가능한 삶에 대한 추구가 불러온 트렌드라고 할 수 있다. 하지만, 이런 지속 가능함에 대한 추구가 꼭 가치소비나 ESG에서만 드러나는 건 아니다. MZ세대 사이에서 열풍으로 작용한 '갓생'이라는 개념이 있다. 부지런한 삶을 뜻하는 단어로, 부지런함과 필연적으로 연관되는 루틴과도 연결된다. 따라서 갓생을 산다는 건 목표를 가지고 꾸준하게 실천하는 루틴을 만든다는 것이다. 여기서 핵심은 지속 가능함이다. 실천하고 싶을 때만 행하는 목표는 의미가 없다. 실천하고 싶지 않은 순간에도 목표는 지속되어야 의미를 가진다. 이런 갓생에 대한 추구는 다른 분야에서도 마찬가지다. 관리도 지속 가능해야 의미가 있다. 어느 날은 관리하고, 다른 날은 관리하지 않는다면 효과가 나타나지 않을 것이다. 스스로 설정한 목표를 위해서라도, 관리를 향한 실천은 지속되어야만 한다. 그런데 무조건 금지하는 상황을 가지고는 오래 버틸 수 없다는 걸 경험을 통해 깨달은 사람들이 많다. 이런 사람들에게는 지속 가능함을 추구함에 있어 헬시플레저 만한 게 없었다. 기존에 먹던 탄산음료와 제로 칼로리 탄산음료는 맛이 좀 다를 수는 있지만 적어도 관리를 향한 목표는 크게 해치지 않고 즐거움을 누릴 수 있다. 목표를 지속적으로 추구하고 싶은 마음도 유지할 수 있다는 사실도 무시하기 어렵다. 그야말로 지속 가능해야 찐(진짜)이라는 마음이 지금의 헬시플레저를 불러온 원인 중 하나라고 봐도 좋을 것이다.

# 선택지는 더 다양해지고 있다

헬시플레저의 방향성은 다양함으로 나아가고 있다. 앞으로도 이렇게 다양한 제품 혹은 서비스를 고려할 가능성이 높다. 1인칭에 대한 관심이 만들어낸 트렌드로, 결국 각자의 생각을 만족시켜주지 못한다면 의미가 없는 것이다. 그러니 각 개인에게 맞는 제품과 서비스를 공급하는 건 너무나도 당연한 사실이 되었고, 선택지를 늘려주지 못하는 헬시플레저의 반영은 딱히 의미가 없을 것이라는 다소 부정적 인식도 충분히 가능한 부분이다.

CJ제일제당이 비비고 왕교자의 라이트 제품을 출시하며 앞으로 라이트 제품 출시를 더 이어가겠다고 밝혔고, 계속해서 그 방향성을 실천하고 있다. 기업 입장에서 어떤 시장에 집중하기 위해 제품을 낸다는 건, 일정 수준 이상의 시장성을 발견했다는 뜻이다. 혹 시장성의 발견이 아니라면, 트렌드의 측면에서 충분히 대중들에게 어필할 수 있는 지점을 발견했다는 의미일 수도 있다. 전자와 후자, 어떤 의미라도 좋다. 다방면으로 헬시

심지어 이제는 만두도 칼로리를 낮춘다(출처: CJ제일제당).

플레저의 반영이 이어지고 있고, 선택지의 확대로 높은 수준의 1인칭 집중이 이뤄지고 있다는 걸 기억하자.

# 취향으로 만드는 소비 스토리

취향을 바탕으로 하는 소비는 미코노미의 또 다른 단면 중 하나다. 그래서 이 시대를 '취향의 시대'라고 한다. 취향이란 확고한 소비의 기준이 되었으며, 각자의 취향을 만족시키기 위한 수많은 제품과 서비스가 공급되고 있다. 사실 우리는 그동안 뻔한 소비의 시대에 살아왔는지도 모르겠다. 과거에는 생산자와 소비자 중 생산자가 더 우위에 있었다. 생산자는 소위 '돈'이 될 만한 상품과 서비스에 집중했다. 그러다 보니 획일적인 공급이 이뤄졌고 곳곳에 존재하는 색다른 취향은 만족시키기 어려웠다. 하지만 현재는 다르다. 음지처럼 여겨졌던 취향들이 모두 세상 밖으로 모습을 드러냈고, 취향 속에서 기업과 브랜드는 새로운 시장을 개척하는 원동력을 찾고 있다. 이쯤에서 누군가는 이런 의문을 가질지도 모르겠다.

"결국은 새로운 취향을 발견하는 것도 돈이 될 만한 가능성이 보이기 때문 아닌가?"

맞는 말이다. 취향에 대한 발견은 곧 신규 시장 개척이다. 그러니 시장성 없이는 발견할 수 없는 게 많다. 과거에는 대표적인 제품 몇 가지에 집중했다. 쉽게 비유하자면, 마치 음식점의 시그니처(signature) 메뉴라고 보면 좋을 것이다. 시그니처 몇 가지로 전반적인 시장의 움직임을 반영한다는 건 거의 불가능에 가깝고, 입체적인 소통구조도 만들어내기 어려웠다. 하지만 현재는 다르다. 새로운 취향이 발견되면 적극적으로 제품화가 이뤄지고 있고, 이 제품들이 타겟층의 확장을 이끌어 내고 있다. 그렇기 때문에 돈이 될 만한 가능성을 바라보는 방식 자체가 바뀌었다고 이해하면 좋을 것이다. 취향에 대한 집중이 '덕후'의 발견을 이끌었고, 열정적 소비자를 뜻하는 '팬슈머(fan+consumer)'를 이끌어낼 수 있었다. 아마 과거의 생산 방식으로는 덕후와 팬슈머라는 마니아적인 트렌드를 결코 소비의 중심에 두지 못했을 것이라 생각된다. 이 변화의 추세 자체를 이해한다면, 취향소비에 대한 부분을 더 깊게 이해하는 게 가능해질 것이다.

아주 흥미로운 통계가 있다. GS리테일이 발표한 통계에 따르면, 2021년 신품종 과일로 상징되는 이색 과일류가 전통 과일의 매출을 처음으로 앞질렀다. 이색 과일류는 2019년부터 꾸준히 상승세를 타고 있었지만, 2021년은 아예 상황이 역전되었다는 점에서 주목할만하다. 이해를 돕기 위해 설명을 하자면, GS더프레시가 분류한 이색 과일류는 킹스베리, 엔비사과, 샤인머스캣 등의 신품종 국산 과일과 망고, 오렌지 등의 수입 과일이다. 전통 과일류는 부사 사과, 배, 수박, 감, 캠벨포도 등이다.

과거의 기준으로 이해한다면, 소위 잘 팔리는 과일 위주로 공급되었을 것이다. 그리고 과일이라고 하면 떠오르는 지배적 이미지에 포함되는 과일을 주로 공급하고 소비했을 것이라 생각한다. 하지만 트렌드가 바뀌며 취

전통 과일보다 신품종 과일이 더 잘 팔리는 시대가 왔다(출처: GS리테일).

향이라는 1인칭의 기준이 급부상했다. 정보의 확산에 따라 다양한 과일을 인지하게 된 상태에서, 취향에 어울리는 선택지를 각자 고르게 된 것이다. 예전보다 많은 과일이 등장했다는 단순한 시장의 변화일 수도 있지만, 속뜻을 들여다보면 이렇듯 1인칭에 대한 집중이 숨어있다는 것을 알 수 있다. 물론, 기업이나 브랜드가 모두의 취향을 만족시키는 건 불가능할 것이다. 응대해야 할 대중의 숫자가 약 1천만 명이라고 가정한다면 어떻게 1천만 명을 모두 만족시키는 선택지를 준비할 수 있겠는가? 이는 현실적으로 불가능한 일이다. 하지만 적어도 다양한 취향이 발견되고, 이런 취향들이 기업과 브랜드에 새로운 수익 구조를 가져다 줄 수 있다는 사실은 인지해야 한다. 즉, 최대한 많은 대중들의 취향을 반영하기 위해 노력해 나갈 필요성이 있다는 것이다.

# 취향소비는 마케팅의 전략이 된다

초코파이는 초코, 포카칩은 오리지널이 아니었던가? (출처: 오리온)

취향소비에 대한 집중에 따라, 마케팅에 활용하는 방식도 많아지고 있다. 오리온은 한정판의 성격으로 초코파이情(정) 수박 맛, 포카칩 훌라망고 맛, 포카칩 라임모히또 맛을 출시한 바 있다. 수박, 망고, 라임모히또에 대한 취향을 발견하고 이를 상품화로 옮긴 것이다. 물론 기존의 초코파이와 감자칩을 선호하는 사람들도 여전히 많을 것으로 본다. 하지만 이런 취향에 대한 발견은 대중들에게 색다른 느낌으로 다가갈 가능성이 높다. 해당 제품의 성격과 맛에 대한 호기심을 자극하기도 쉽고, 유튜브(Youtube)나 SNS 인증을 촉발 시킬 힘도 가지고 있다. 이렇게 생각해보자. 가까운 상점에 들어가 감자칩 코너를 보았다. 이미 익히 알고 있는 오리지널 맛과 한정 출시된 망고 혹은 라임모히또 맛을 만났다. 만약 당신이 어느 한 쪽의 사진을 찍어 SNS에 올린다고 한다면, 어떤 제품의 사진을 찍겠는가? 아마 대부분은 후자를 택할 것이다. SNS에서 반응을 일으킬 가능성이 높기 때문이다. 이런 식으로 기업과 브랜드는 생각 못했던 바이럴 효과를 거둘 수 있다. 보통의 상황이라면 우리가 직접 나서서 광고비를 투입해 바이럴을 노려야 했겠지만, 취향에 대한 신기한 선택 하나가 자연스러운 바이럴을 불러오는 것이다. 따라서 취향소비에 대한 트렌드는 1인칭에 대한 반영이며, 뉴미디어 환경에서 벌어지는 마케팅을 이끌 수 있는 전략이기도 하다. 그래서 단순히 누군가의 기호라고 생각하기보단, 방향성을 리드할 수 있는 핵심 키워드로 보아도 무방하다. 뉴미디어의 타임라인은 결국 신기하고, 흥미로운 부분을 제공할 수 있어야 살아남을 수 있다. 취향소비에 대한 집중이 이런 명제에 대해 쉽고도 명확한 해답을 제시해 나가고 있다.

# 개인화, 각자에게 모두 다른 해답을

취향소비와 맞물려 생각해봐야 할 미코노미의 또 다른 트렌드는 개인화이다. 말 그대로 각 개인에게 딱 맞는 선택지를 제공하는 것이다. 혹은 각 개인의 상황에 맞는 해답을 제시하는 것도 개인화라고 보면 좋을 것이다. 생각해보면, 서비스에도 정해진 선택지가 있었다. 서비스를 제공하는 주체가 프로그램을 구성했고, 이 프로그램에 따라 구성요소는 정해져 있는 경우가 많았다. 대중들은 모두 같은 선택지를 받아들여야 했고, 그 안에서 그나마 자신에게 가장 어울리는 답안을 골랐다. 그러다 보니 자신에게 꼭 맞는 옷을 입기는 어려웠다. 마치 맞춤복이 아닌 기성복을 입는 것과 같은 이치였다. 하지만 트렌드에 따라 맞춤복의 개념과 같은 '테일러메이드'가 모든 분야에서 주목받았고, 미코노미가 지배하는 시대를 만나 더 힘을 얻었다.

삼성전자는 이 트렌드를 가장 적극적으로 받아들이고 있다. 이미 "이제 가전을 나답게"라는 슬로건을 선보이며 1인칭에 대한 관심과 미코노미

모든 세상의 중심에는 결국 내가 있다(출처: 삼성전자).

트렌드를 선도해 왔다. 또한, 단순히 슬로건에서 그치지 않았다. 삼성전자가 선보였던 #유메이크(YouMake) 캠페인은 대중들이 자신만의 라이프 스타일에 맞는 제품과 서비스를 직접 선택하고 만들 수 있도록 하는 메시지가 핵심이다. 삼성전자는 이 캠페인을 통해 대중들이 삼성닷컴 페이지에서 자신의 취향에 맞게 제품을 디자인해 볼 수 있는 서비스를 제공했다. 대중들이 제품의 색상과 마감 소재를 선택하는 등 원하는 스타일을 직접 디자인할 수 있고 완성된 디자인의 제품은 저장하거나 실제로 구매도 할 수 있도록 만든 것이다. 앞서 언급한 취향소비에 대한 반영, 그리고 가전제품의 개인화, 1인칭에 대한 관심 등 미코노미의 모든 요소가 들어가 있다고 해도 과언이 아니다. 이런 방향성을 통해 대중들은 공장에서 대량으로 찍어낸 가전제품이 아니라, 자신의 취향과 상황에 맞는 제품을 손에 쥐게 된다. 즉, 가전제품의 개인화가 이뤄진 것이다. 물론 이런 과정에는 과감한 투자가 필요하다. 어느 정도 토대가 갖춰진 상황이니 시도할 수 있는 게 아니냐는 의견도 있지 않을까 싶다. 하지만 트렌드의 관점에서 명확한 소통 구조를 만들어가고 있다는 건 분명 주목해야 할 사실이다. 또한 앞으로는 모든 분야에서 이런 개인화에 대한 집중이 이뤄질 것이기 때문에, 삼성전자의 움직임을 보며 많은 벤치마킹 포인트를 고민하는 작업 역시 이어져야 할 것이다.

금융권의 모든 고민은 단순 개발이 아니라 개인화에 맞춰져 있다(출처: KB국민은행).

금융권도 1인칭에 주목한다. 미코노미의 중요성을 인지하고, 이미 카카오뱅크나 토스가 UI의 자율성을 통해 개인화에 다가갔다. 어김없이 좋은 성과를 얻었고, 이제는 금융권 전반으로 1인칭의 이야기가 확산되고 있다. 사실 금융권은 누구보다도 트렌드에 민감하다. 직접적으로 돈이 오가는 서비스를 제공하기 때문에, 트렌드에 적응하지 못하는 서비스는 곧 뒤처진다는 인식이 강하다. 그러다 보니 사례도 많고, 적응법 역시 다양하다. 1인칭에 주목하지 않고 있는 금융사들은 거의 없다고 봐도 무방하지만, KB국민은행은 특히 많은 관심을 기울이고 있다. KB국민은행의 금융 앱인 KB스타뱅킹은 사용자 중심의 자산 관리 및 UI로 1인칭에 대한 관심을 드러내고 있다. 과거였다면 아마도 연령대에 따라 비슷한 종류의 금융 상품이나 서비스를 추천 받았을 것이라 생각한다. 하지만 이제 자산 관리는 각자의 상황이나 관심사에 따라 크게 달라진다. 예금이나 적금에 관심이 있는 사람이 있다면, 적극적인 투자에 관심이 있는 사람도 있을 것이다. 또한 생애주기나 처한 상황에 따라 필요한 서비스가 크게 달라질 수도 있다. 트렌드에 따라 이런 이슈들을 모두 반영할 수 있는 노력이 곧 고객 확보이며, 브랜딩을 통한 마케팅이라는 인식이 퍼지고 있다. 금융권은 계속해서 1인칭이라는 개념에 더 집중할 것이며, 다양한 사례들을 내놓을 것으로 예상된다.

## 미코노미는 더 커질 것, 핵심 메시지는?

결론부터 말하자면, 미코노미는 더욱 커질 것이다. 1인칭에 주목하는 현상은 앞으로도 더 심화될 가능성이 높기 때문이다. MZ세대와 기성세대는 이미 1인칭에 집중하는 삶이 주는 행복감을 경험했다. 집단의 가치를 더 중요시하는 과거로는 회귀하지 않을 것이다. 가구의 구성비를 봐도 그렇다. 1인 가구는 계속 증가하고 있고, 가까운 미래에 전국 시도에서 가구 구성비 1위를 기록할 것이라는 통계가 나왔다. 1인 가구는 단순히 혼자 사는 사람들이 아니라, 자신에게 더 집중할 수밖에 없는 환경적 특성을 가지고 있다. 모든 판단과 소비의 기준이 1인칭이 되기 때문이다. 그러니 1인 가구가 늘어나는 만큼, 1인칭을 중심에 둔 행동은 더 많아질 것이다. 게다가 이미 많은 대중들은 자신의 이야기를 들어주는 것만 같은 수많은 서비스와 상품을 경험했다. 과거보다 자신의 취향이나 생각이 더 많이 반영되는 소비의 즐거움도 충분히 느꼈다. 그러니 결국 트렌드의 기준이 될 수밖에 없다는 것이다.

결국 기업과 브랜드, 기관은 더 1인칭에 집중해야 할 것이다. 생산자와 공급자라는 관점에서 대중들을 바라보지 말고, 그들의 목소리에 귀 기울일 필요가 있다. 여기서 목소리란 단순한 CS 과정을 뜻하는 게 아니라, 대중들의 취향이나 생각을 각종 뉴미디어를 통해 수집해야 한다는 의미다. 이렇게 발견한 소재들로 뉴미디어에 어울리는 마케팅을 시도할 수도 있고, 혹은 미래를 위한 개발의 재료로 활용할 수도 있을 것이다. 생산자와 공급자라는 딱딱한 위치가 아니라, 언제나 신제품을 개발한다는 마인드로 대중들의 사고구조 자체를 파악하는데 더 많은 힘을 기울여야 한다.

일방적인 사고 구조는 결국 화를 부를 것이라는 걸 염두에 두자. 기업과 기관, 브랜드에게 반응 없는 콘텐츠, 잊혀지는 상품과 서비스, 실패하는 마케팅 등 생각보다 다양한 상황일 수 있다. 대중들은 조금이라도 자신들의 생각과 취향을 드러내고 싶어 한다. 그리고 이런 노력이 헛되지 않기를 바라고 있다. 노력한 만큼 의미 있는 소비를 하고 싶은 것이고, 노력한 만큼 의미 있는 이야기를 소비를 통해 남기고 싶어 한다. 이런 소망은 욕심이 아니다. '내돈내산(내 돈 주고 내가 산 제품)'이라는 단어가 함축하는 의미를 생각하라. 내가 내 돈 주고 샀으니 객관적 평가가 가능하다는 뜻도 내포하고 있지만, 만족도를 주관적으로 평가할 테니 오해하지 말라는 의미도 담겨있다고 본다. 여기서 주관적인 평가에는 결국 자신의 상황, 생각 등 다양한 1인칭의 주안점들이 들어갈 수밖에 없다. 즉, '내돈내산'이라는 단어는 단순히 광고 없는 객관적 시점을 뜻할 뿐만 아니라 지금 이 시대의 트렌드를 보여준다는 걸 알 수 있을 것이다. 내돈내산 만큼이나 다양한 각자의 의미들이 더 뻗어나갈 트렌드다. 미코노미가 정의하는 상황과 1인칭의 의미를 정확히 파악해 '나'의 시대를 선점하시기 바란다.

PART 3

# 경험의 시대, 사진과 영상 재료를 제공하라

# 경험이 곧 진리가 된 배경은?

나는 '경험'이 곧 진리라고 생각한다. 지금의 트렌드를 보자면, 이런 생각을 가진 게 나뿐만은 아닌 것 같다. 어쩌면 마트에서 우연히 만나 반가운 시식 코너처럼 여겼던 경험이라는 표현은, 트렌드와 마케팅의 기준이 되었다. 광고도 싫고, 딱히 시끄러운 것도 싫은 대중들에게 직접 경험해 볼 수 있는 환경을 조성하니 말이다.

그런데 현재의 몇 가지 상황만 봐도 이것이 정말 진리인 것을 알 수 있다. 일단 첫째로, 광고에 대한 접근 자체가 많이 줄었다. 매스미디어 영향력은 과거만 못하고, 뉴미디어에서는 광고를 넘기기에 바쁘다. 심지어 광고가 많아지는 상황 때문에 SNS를 떠나는 대중들도 생겨날 정도니, 광고에 대한 알레르기 반응은 생각보다 강렬하다고 볼 수 있다. 그럴 수밖에 없다. 본방 사수를 위해 TV앞에 앉아있던 시절에는 광고를 봐야 할 이유라도 있었다. 본방 사수 해야 하는  프로그램을 위해 기다리는 시간을 채워야 하기 때문이다. 하지만 뉴미디어 시대에서 본방 사수가 무슨 의미가 있는가? 원하는 시간에 다시 볼 수 있는 시스템도 마련되어 있고, 주요 장면만 클립으로 볼 수 있는 영상도 올라온다. 매스미디어의 특성을 반영했던 광고의 소비 환경 자체가 달라졌다. 그러니 대중에게 도달하는 것 자체가 쉽지 않은 것이다.

둘째로, 광고를 받아들이는 인식도 많이 달라졌다. 기존의 광고는 어쩔 수 없는 미디어 콘텐츠의 한 종류처럼 대중들을 따라다녔다. 하지만 이제 대중들은 뉴미디어에서 소위 말하는 '통제권'을 쥐었다. 뉴미디어를 선택할 수도, 떠날 수도 있다. 또한 광고를 볼 수도, 넘길 수도 있고, 스스로 원하는 주제의 광고를 찾아볼 수도 있다. 이렇게 통제권을 손에 쥐고 있는 대중들은 굳이 자신이 원하지 않은 광고로 시간을 낭비할 필요가 아예 사라져 버렸다.

라이브 커머스(Live commerce)의 의미도 현실에 의미하는 바가 많다. 광고를 보고 상품이나 서비스를 구매했던 과거와 달리, 이제는 실시간 소통 콘텐츠에서 궁금한 걸 묻고 정보를 얻는다. 과거보다 상당히 능동적인 자세로 소비를 위한 정보를 획득하고 있는 것이다. 이런 직관적인 의사소통 구조의 확립은 과거의 광고 개념을 더 밋밋하게 만들었다. 그러다 보니 광고를 보자마자 넘기고 싶은 욕구가 생기는 것이다. 어쩌면 우리에겐 광고를 넘기기 전 5~15초 남짓의 짧은 시간만이 허락되고 있는 건지도 모른다.

# 경험으로 SNS를 찬란하게 하라!

이런 현실 속에서, 하락한 광고의 효과를 대체하는 수단으로 경험이 떠올랐다. A라는 제품이 있다고 가정해보자. 보통은 A라는 제품을 소개하는 광고 영상을 만들었을 것이다. 하지만 광고 효과의 하락을 경험한 후, A라는 제품을 직접 써볼 수 있게 샘플을 만들어 배포하기로 했다. 그리고 시간과 장소를 정해 A제품의 샘플을 대중들에게 나눠줬다. 이게 바로 경험이다. 딱히 관심 있는 분야는 아니었는데, 무언가 준다는 이야기에 홀려 기웃거린 기억이 한 번쯤은 있으리라 생각한다. 대중들은 경험을 시켜줄 수 있는 기프트에 생각보다 약하다. 물론 해당 분야에 관심이 없는 대중들은 아주 주요한 타겟층은 아닐 수 있지만, 적어도 제품이나 서비스에 노출되는 효과를 기대할 수 있다. 이는 과거 광고의 역할을 어느 정도 대신할 수 있는 것이다.

게다가 지금 트렌드를 보면 이렇게 경험을 주는 방식이 생각지도 못한 효과를 낼 수 있다. 앞선 장에서 언급한 바이럴 효과다. 대부분의 스마트폰으로도 높은 수준의 사진과 영상 촬영이 가능하다. 스마트폰 한 대만으로도 멋진 영상을 뚝딱 만들어내는 시대 아니겠는가? 보통 우리는 일상을 기록으로 남긴다. 이런 기록들은 어김없이 SNS 콘텐츠의 재료가 되곤 한다. 그래서 어쩌면 이 재료를 제공하는 마케팅 방식을 고민해야 하는 시점이기도 하다. 경험이라는 단어가 만들어내는 소통 구조는 재료를 제공한다는 점에서 꽤나 근사하다.

최근에는 흥미로운 팝업스토어를 접하는 일이 잦아졌다. 팝업스토어란 한정된 기간에 콘셉트를 잡고 상품이나 서비스를 소개하는 공간이다. 콘셉트가 확실하기 때문에 다른 공간과는 차별화된 매력이 존재한다. 그러다 보니 MZ세대를 중심으로 많은 방문이 이뤄지고, 사진과 영상이 SNS에 공유되는 경향이 강하다. 팝업스토어 역시, 경험이라는 단어에 집중하여 탄생한 개념이다. 현장에서 직접 색다른 분위기와 상품, 서비스를 경험할 수 있도록 해주는 방식이니 말이다.

자, 그렇다면 길을 걷다가 이런 팝업스토어를 만났다고 생각해보자. 어김없이 많은 인증샷을 남기게 될 것이고, 이 공간에 대한 멋진 사진 몇 장이면 그날의 SNS 콘텐츠는 충분히 확보된다. 이는 일상 속의 음식 혹은 커피 사진보다 타임라인 지인들이 호기심을 느낄 가능성이 더 높기 때문에 훨씬 더 반응이 좋을 것이다. 이렇듯, 경험에 집중하는 방식은 동시대의 트렌드를 살 수 있는 대중들에게 요긴한 SNS 콘텐츠를 제공한다. 대중 입장에서는 SNS 콘텐츠를 확보해서 좋고, 팝업스토어를 주최한 입장에서는 바이럴 효과를 거두니 좋다. 그러니 팝업스토어는 모두에 행복한 상황을 만드는 해답이 되는 것이다.

이 이야기에서 강조하고 싶은 건, SNS에 대한 부분이다. 나는 SNS를 단지 과시의 공간으로만 생각하지 않는다. 대부분의 대중들은 자신들의 시간을 SNS에 기록한다. 마치 과거의 일기 같은 개념이지만, 콘텐츠가 결합된 형태라고 이해하면 가장 좋지 않을까. 누군가가 콘텐츠 재료를 제공하지 않았다면, SNS 타임라인은 허전한 상태를 유지해야 할 것이다. 하지만 경험을 제공 받았다는 사실 하나로, SNS에 대한 고민은 깔끔하게 해결된다. 결국 경험이라는 건, 과시의 재료를 주는 게 아니라 누군가의 일상을 좀 더 빛나게 만들 기회를 제공하는 것이다. 그들의 일상을 빛나게 만든다면, 우리의 제품이나 서비스가 대중들에게 퍼져나가는 '보상'을 기대할 수 있을 것이다.

## 아직 몰랐습니까, 휴먼? 지금은 '나'의 마음에 들어야 합니다

앞서 언급한 1인칭과 미코노미도 경험에 큰 영향을 미치고 있다. 요즘의 대중들은 스스로의 생각과 취향에 크게 집중하고 있다. 이들에게 관심 없는 분야의 광고는 어떨까? 보고 싶은 마음이 전혀 없을 것이다. 예를 들어, 새로운 휴대폰을 사야 하는 사람은 어떤 휴대폰이 좋을지 끊임없이 고민하고 있을 테니, 관련된 광고는 한번쯤 눈길이 가는 대상일 것이다. 관심사인 휴대폰을 제외한 다른 전자제품의 광고는 딱히 의미가 없을 가능성이 높다. 하지만 근사한 공간에 마련된 체험형 스토어를 방문했다면 어떨까? 아마 분명 휴대폰만 바라보진 않을 것이다. 체험해 볼만한 기기가 많을 것이고, 평소에 관심이 없었던 전자제품에 관심이 생길 수도 있다. 아주 간단한 예지만, 이게 바로 경험의 중요성이다. 관심사에 따라 움직이니 광고도 취사선택하게 된다. 기본적인 노출도 확보하기 어려워진 시점에서, 경험을 시켜주면 오감으로 받아들인다는 것이다. 시각, 청각, 촉각 등 다양한 수단이 동원되니 의미 있게 남는다. 그래서 1인칭의 시대에 경험이 더 주목받고 있다고 볼 수 있다.

결국 '나'의 마음에 들어야 한다. 우리는 마음 속에 존재하는 수많은 기준을 만족할 수 있는 대상을 찾는다. 광고 역시 그런 트렌드를 피해가지 못했고, 그렇기 때문에 경험에 대한 측면을 고려해야 한다.

# 경험을 제공하는 4가지 방식: 간접경험의 즐거움

그렇다면 이런 경험은 어떻게 제공해야 하는 걸까? 트렌드를 보면 네 가지 방법을 생각해 볼 수 있다. 나는 저서인《인싸의 시대, 그들은 무엇에 지갑을 여는가?》와《이것이 메타버스 마케팅이다》에서 이미 경험을 세 가지 측면으로 이야기한 바 있다. 여기에 트렌드를 더해 총 네 가지 방향성을 이야기하고자 한다.

첫 번째는 '간접경험'이다. 사실 우리는 이미 숱한 간접경험을 해 왔다. 다만, 방식이 한정적이었다. 하지만 지금은 트렌드에 따라 많은 방식들이 주목받고 있다. 먼저 간접적인 해소가 있다. 평소 하고 싶었으나 못 했던 말, 궁금했지만 물어보지 못 했던 것, 혹은 마음에 있는 응어리 등 답답한 부분을 대신 해소해주는 경험을 뜻한다. 실제로 이 추세를 타고 과거보다 솔직한 주제를 다루는 예능이 증가하고 있고, 선을 넘을 듯 넘지 않는 B급 캐릭터들도 많이 등장했다. 또한 생산 과정 등 궁금했지만 쉽게 묻지 못했던 사항들이 콘텐츠로 만들어져 좋은 반응을 얻었다.

진짜 이 언니들은 '밥맛'을 몰랐다(출처: 샌드박스, 흥마늘스튜디오).

그간 이런 트렌드를 타고 EBS에서는 상상조차 할 수 없었던 펭수라는 캐릭터가 등장했고, 방송인 장성규 씨 같은 솔직하고 직설적인 화법을 가진 인물들이 주목받았다. 솔직한 모습으로 대리만족을 주는 캐릭터들은 뉴미디어를 선도하고 있는 상황이며, 특정 콘텐츠에 대한 솔직한 반응까지도 주목받고 있다. 여기서 말하는 솔직한 반응이란 콘텐츠를 접한 후 나오는 수많은 리액션을 뜻한다. 대표적으로 먹방의 예를 들어 이해해보자. 먹방은 보통 많은 양의 음식을 먹는 방향에 초점이 맞춰져 있었다. "도대체 저걸 어떻게 다 먹는 걸까?"라는 생각이 들 정도로, 대부분 대식가들이 먹방 시장을 선도했다. 하지만 이런 먹방의 확산은 반대 급부에 대한 논의를 촉발시켰다. 잘 못 먹는 사람들, 혹은 입 짧은 사람들에 대한 솔직한 생각들이다. 분명 잘 못 먹는 사람들은 먹방이 그저 경이로웠을 것이다. 그러니 이런 솔직한 이야기들을 발굴해 콘텐츠로 옮기는 게 또 다른 간접경험이 된다. 반대에 해당하는 사람들의 마음이나 행동을 간접적으로 느낄 수 있으니 말이다. 그래서 등장한 예능이 바로 〈밥맛없는 언니들〉이다. 연예계에서 소식가로 소문난 산다라박과 박소현 씨가 등장한다. 대식가들의 먹방과는 다르게, 도대체 저만큼 먹어서 하루를 버틸 수 있을까 싶은 장면들이 이어진다. 어쩌면 대식가들에게는 소식가들의 이야기를 간접경험 하는 것이고, 먹방을 계속 접해온 대중들은 새로운 먹방을 간접경험 하는 것이다. 이렇듯 단순히 솔직한 언사뿐만 아니라, 콘텐츠에 대한 솔직한 반응 역시 간접경험의 밑거름이 된다는 걸 기억하자.

과정은 사실 간접경험의 기준과도 같다(출처: 오리온 유튜브).

과정은 간접경험의 기준과도 같다. 유튜브와 SNS라는 뉴미디어 시대가 열리며 수많은 과정들이 콘텐츠가 되어 쏟아져 나왔다. 그리고 이런 콘텐츠들은 어김없이 좋은 반응을 얻었다. 생각해보면 당연한 일이다. 생산하는 주체는 과정을 언제든 콘텐츠화할 수 있다. 현장에서 업무를 보고 있는 실무자들도 마찬가지다. 하다못해 나와 같은 작가들도 책을 쓰는 과정을 콘텐츠로 만들 수 있다. 누구나 접근 가능한 살아있는 콘텐츠이기도 하고, 간접경험에는 이만한 게 없으니 트렌드를 이루는 것이다. 오리온의 사례를 보자. 오리온은 자사의 제품을 만드는 과정들을 유튜브 콘텐츠로 활용하고 있다. 어릴 때 과자를 먹다가, 문득 과자가 어떻게 만들어지는지 궁금했던 기억이 있을 것이다. 하지만 어디에 물어볼 때도 없고, 가끔 텔레비전 속 다큐멘터리에 공장 영상이 나오긴 했지만 그야말로 그게 다였다. 철없는 아이의 호기심을 만족시켜주기엔 턱없이 부족했다. 하지만 뉴미디어는 다르다. 어디에 물어보기 어려웠던 과정들이 모두 간접경험으로 구현되어 있다. 그러니 호기심을 느낄 때, 단순한 '검색'을 통해서도 해답을 얻을 수 있다. 대중들은 간접경험을 통해 제품이나 서비스에 지속해서 노출된다. 간접경험 자체가 마케팅의 수단이 되는 것이다.

메타버스도 다채로운 간접경험의 원천이다(출처: 삼성전자).

메타버스도 같은 방향으로 바라보면 좋다. 메타버스는 직간접 경험이 모두 가능하다. 물론 가상의 공간이지만, 현실과 연결되는 지점이 많기에 큰 범주로 보면 직접적인 경험이라고 볼 수도 있기 때문이다. 하지만 일단 현실과는 다른 공간에 존재하기에, 핵심은 간접경험이라고 이해하면 좋을 것이다. 삼성전자는 청소기 브랜드 '제트'를 주제로 만든 가상 체험 공간 제트랜드와 삼성닷컴을 연계해 경험을 제공했다. 뮤지엄, 펫 카페, 영화관, 노래방, 오락실 등 다양한 게임과 프로그램을 즐길 수 있는 테마공원처럼 꾸몄다. 대중들은 이 공간에서 단순히 마케팅 메시지만 받아 가는 게 아니라, 다양한 간접경험을 즐길 수 있다. 이런 방식은 삼성전자만의 일은 아니다. 유통, 금융, 전자 등 거의 전 분야에서 메타버스를 경험의 원천으로 활용하고 있으며 기관도 이 흐름에 합류하여 많은 사례를 내놓고 있다.

지난 저서 《이것이 메타버스 마케팅이다》에서도 메타버스가 말하는 경험의 측면을 강조했다. 메타버스는 긍정과 부정으로 이해할 개념이 아니라, 경험을 제공하는 하나의 플랫폼으로 이해해야 한다. 사실 플랫폼은 각자의 주제에 따라 적응도가 달라질 수 있다. SNS를 열심히 하는 사람이 있는가 하면, SNS를 전혀 하지 않는 사람도 있는 것과 마찬가지다. 유튜브가 어울리는 사람이 있는가 하면, 블로그나 SNS가 더 어울리고 편한 사람도 있는 것과 마찬가지의 이치다. 즉, 메타버스는 각자의 상황에서 어울림의 정도를 따지는 플랫폼으로 바라봐야 한다. 또한 매스미디어, SNS, 유튜브와 같이 그간 대중들에게 경험을 제공해온 수단에 더하는 하나의 새로운 개념으로 이해하면 좋을 것이다. 무한긍정 혹은 무한부정으로 메타버스를 이해해왔다면, 트렌드에 대한 지식과 함께 경험이라는 단어로 플랫폼을 다시 이해해보시기 바란다.

# 경험을 제공하는 4가지 방식: 행동의 경험이 만드는 가치

두 번째는 '행동의 경험'이다. 결론부터 말하자면, 매우 단순하지만 의미 있는 일이다. 과거에는 대중들이 행동을 한다는 것이 주로 불만 사항과 연결되는 경우가 많았다. 이런 행동에 대처하는 방식을 CS로 정의한다면, 지금부터 설명될 행동의 경험은 CS와는 연관이 없다. 사실 CS는 트렌드와 상관없이 기본으로 탑재해야 할 기능이다. CS는 기본 중의 기본이기에, 대중의 이야기에 반응하지 않는 기업과 기관, 브랜드는 사실 의미가 없다고 본다. 따라서 트렌드와 상관없이 하나의 기능으로 보는 게 맞을 것이다. 그렇다면 도대체 여기서 말하는 행동이란 무엇인가? 대중이 참여할 만한 프로젝트들을 뜻한다. 이를테면 의견을 투표로 드러내거나, 출시될 상품을 직접 다수결로 정하는 것과 같은 것들이다. 즉, 대중이 행한 행동 하나가 현실에 영향을 미치게 되는 것이다. 실제로 이런 경험들은 엔터테인먼트 업계에서 다양하게 활용되어 왔다. 가수의 앨범 콘셉트를 투표에 붙이거나, 혹은 앨범의 커버 이미지 디자인을 고르는 등 대부분 활동에 영향을 미치는 것들이었다. 이런 개념들은 다른 업계로도 확장되고 있다. 사소한 거라도 참여하길 원하는 지금의 트렌드를 반영해 적극적인 경험으로 승화시키는 것이다. 이런 경험을 제공해야 하는 이유는 다음의 두 가지 때문이다.

먼저, 우리는 이미 이런 경험에 익숙해져 있기 때문이다. 생각보다 익숙함은 굉장히 무서운 효과를 발휘한다. 예를 들어 우리가 SNS에서 흔히 접하는 카드뉴스를 생각해보자. 당연히 다음 페이지가 이어질 것이라는 확신이 있다. 그러니 습관적으로 터치화면을 스와이프(터치스크린에 손가락을 댄 상태로 화면을 쓸어 넘기는 행동)하게 된다. 카드뉴스는 실제로 이런 익숙함에 기대어 여전히 좋은 마케팅 콘텐츠 중 하나로 평가받는다. 스와이프할 것이라는 확신이 있기 때문에, 굳이 첫 번째 이미지에 모든 내용을 담지 않아도 된다. 이처럼 습관적으로 경험한 대상은 대중들과의 괴리감을 감소시키고, 접근성을 향상시키는 역할을 하곤 한다. 앞서 1인칭에 대한 관심을 이야기하며 관심이 없다면 눈길조차 주지 않는 현실을 이야기한 바 있다. 그렇게까지 관심을 얻기 어렵다면, 최소한 접근하는 방식이라도 쉬워야 하지 않을까? 이런 현실적인 상황을 고려한다면, 익숙함은 중요한 요소일 수 있다. 대중들은 이미 과거부터 이어져 온 오디션 프로그램을 통해 자신의 행동이 결과에 영향을 미치는 일을 경험했다. 또한 투표라는 개념은 이미 사회의 구성원으로 기능하기 위해 실행하던 행동이다. 그러니 어색함 없이 접근하기 좋다는 것이다.

또 다른 한 가지는 불확실성의 제거 때문이다. 참여에 대한 이야기를 하고 있는데, 왜 갑자기 불확실성이 나오는지 의아할 것이다. 이 의아함을 해결하기 위해 우리는 상품이나 서비스가 출시까지 거치는 과정들을 생각해야 한다. 대부분의 상품이나 서비스는 내부적으로 기획부터 출시, 마케팅에 이르는 과정을 거쳐 대중들을 만나게 된다. 하지만 대중들을 향해 충분한 인지 과정을 거친 후 세상에 나오는 경우는 드물다. 물론 사전 마케팅을 펼쳐 알리는 경우도 있지만, 이미 관심사에 따라 움직이는 트렌드에서 큰 효과를 기대하긴 어렵다. 그러니 기업과 브랜드는 그야말로 불확실한 시장에 과감한 시도를 진행하게 되는 것이다. 하지만 만약 투표나 참여를 통해 대중들이 반응한 상품과 서비스를 출시한다면 어떨까? 참여 과정을 통해 시장성에 대한 판단을 대략적으로 진행할 수 있을 것이다. 이게 아니라면, 최소한 참여한 대중들에게 상품이나 서비스에 대해 사전에 인지시키는 게 가능하다. 즉, 경험 없이 출시하는 것보다는 훨씬 불확실한 부분이 줄어들 수 있다. 지금의 트렌드는 불확실성이 클 수밖에 없다는 걸 고려하면, 이런 효과가 가지는 가치는 생각보다 크다. 제품도 많고, 콘텐츠도 많다. 이중에서 대중들의 선택을 받는 경우는 손에 꼽을 정도

투표가 매출을 쭉쭉 끌어올렸다(출처: 오뚜기).

다. 그러니 최대한 불확실성을 제거해야 하는 게 주요한 과제가 되어야 할 것이다. 행동을 경험하게 하는 건 자욱한 안개를 걷어내는 것과도 같기에, 반드시 주목해야 할 필요가 존재한다.

다음 두 가지 사례를 통해 행동의 경험이 가져오는 효과들을 더 살펴보도록 하자. 먼저, 오뚜기는 대중들이 더 좋아하는 진라면 맛을 알아보고자 온라인 투표를 진행했다. 약 한 달 정도 진행된 투표는 약 4만여 명이 참여했다. 투표는 진라면 매운 맛이 승리를 쟁취했지만, 사실 투표의 결과는 중요하지 않다. 왜냐하면 실제로 매출 상승이 벌어졌기 때문이다. 투표가 진행되는 기간 동안 진라면 매출은 직전 2개월 대비 17.8% 증가하는 모습을 보였다. 순한 맛을 투표에서 이기게 하고 싶었던 마음이 모였던 탓인지, 진라면 순한 맛은 25.9% 매출 성장세를 기록하기도 했다. 냉정하게 말하자면, 새롭게 인지할만한 기획은 없는 단순한 투표였다. 하지만 대중들이 행동할 재료가 존재했고, 투표에 참여하며 제품을 지속적으로 인지할 기회가 있었다. 신제품의 개념이 아니었던 진라면은 많은 제품과의 경쟁 속에서 존재감을 인지시키는 게 더욱 중요했을 것으로 본다. 오뚜기는 트렌드를 고려해 생각보다 단순한 방식으로 이 과제를 해결했다.

이뿐만이 아니다. 오뚜기는 레시피를 공모하는 방식을 통해 행동에 대한 가치를 부여하기도 했다. 레시피를 공모하고, 투표까지 이어지는 방식을 통해 색다른 레시피들을 발굴해 냈다. 대중들은 공모와 투표라는 행동으로 자신만이 레시피를 인정받거나, 흥미로운 타인의 레시피를 배우는 즐거움을 맛봤다. 실제로 창의적인 레시피들이 많이 나와 SNS에서도 화제를 모으는 결과를 낳았다. 생각해보면, 누구에게나 꽁꽁 숨겨진 비밀 레시피 하나쯤은 있지만, 이 레시피라는 행동을 의미있게 만들 만한 수단이

알려줘! 너의 카레 레시피! (출처: 오뚜기)

없어서 세상에 내놓지 않는 건 아닐까 싶다. 오뚜기는 공모와 투표로 행동에 의미를 불어넣었고, 많은 레시피에 생명력을 불어넣었다. 누구나 관심 있을 만한 요리에 대한 것이기에 SNS에서도 반응이 있을 수밖에 없었다. 오뚜기는 행동의 경험을 통해 전통의 제품인 카레를 인지시켰고, 트렌디한 방식으로 쏠쏠한 마케팅 효과를 거둘 수 있었다.

배스킨라빈스는 '아이스크림 콘테스트'라는 행사를 열었다. 당선작 선정을 위한 대국민 온라인 투표를 진행해 출시까지 이어진 프로젝트였다. 이 콘테스트는 자신만의 상상 속 아이스크림을 만들어 응모하면 내부 심사와 투표를 거쳐 실제 제품으로 출시하는 고객 참여형 이벤트였다. 당시 비알코리아는 대중들에게 색다른 브랜드 체험의 기회를 제공하고자 기획됐다고 의도를 설명했다. 과연 이 행사에는 얼마나 많은 사람들이 참여했

대국민 투표는 예상보다 훨씬 더 강렬했다(출처: SPC그룹 비알코리아).

을까? 무려 8만 명이 참여했다. 아이스크림 아이디어를 내거나, 투표를 하는 방식으로 수많은 사람들이 함께 한 것이다. 투표를 통해 참여한 사람도 행동을 통한 결과를 출시로 경험한다. 아이디어를 낸 사람도 마찬가지다. 행동의 경험을 통해 신제품을 미리 인지한 대중들은 손쉽게 소비로 이어질 가능성이 높다. 자신들이 만들어낸 결과이기에, 관심의 수준도 남다를 수밖에 없다. 결국 행동을 경험하는 과정 자체가 하나의 거대한 마케팅이 된다. 이 부분을 반드시 기억하고 끊임없는 노출의 수단과 함께 고려해야 할 것이다.

# 경험을 제공하는 4가지 방식: 경험 자체의 경험

'경험 자체의 경험'은 경험을 만들어내는 또 다른 방식이다. 표현도 어색하고, 복잡하게 느껴질 수도 있다. 하지만 트렌드를 타고 경험에서 가장 활발히 활용되고 있는 방식 중 하나다. 대표적인 게 체험형 매장, 팝업스토어와 같은 형태다. 이는 많은 사례로 알아볼 수 있는 만큼, 많이 시도하고 있고 그 반응을 이끌어내고 있다.

익히 알고 있는 개념의 체험형 매장과 달리, 팝업스토어는 생소하게 느끼는 분들을 위해 다시 정의하고자 한다. 원래 팝업스토어는 사람들이 붐비는 장소에서 특정 제품을 일정 기간 동안만 판매하고 사라지는 매장을 말한다. 예를 들자면, 계절별로 공간을 정해 다른 식료품을 파는 것과 같은 것이다. 마트에 장을 보러 가면, 마트 한켠에 위치에 잠깐씩 특정 식품을 판매하는 걸 본 적이 있으리라 생각한다. 이게 바로 팝업스토어의 가장 전형적인 사례라고 보면 좋다. 하지만 요즘은 이 팝업스토어가 트렌드를 반영해 조금 다른 방식으로 운영된다. 특정 제품을 활용해 일정 기간 동안만 활용한다는 건 기존 팝업스토어의 개념에서 공간의 개념을 확장했다. 구석을 활용하거나, 남는 공간을 쓰는 게 아니다. 아예 팝업스토어를 위한 공간을 따로 설정한다. 과거보다 더 의미 있게, 활용하는 제품이나 서비스를 위한 공간을 선보이는 것이다. 그래서 기존 팝업스토어보다 제품이나 서비스에 어울리는 인테리어, 디스플레이를 적용하는 게 가능해졌다. 이런 상황이다 보니 팝업스토어 자체가 화제가 되는 경우가 점점 증가하고 있다. 내부 공간에 들어가기만 해도 정체성을 느낄 수 있어서 운영되는 기간 동안 일명 '인싸들의 성지'가 되는 사례도 많다. 기존의 팝업스토어가 임시 판매의 개념이었다면, 이제 팝업스토어는 특별함을 원하는 트렌드를 타고 경험을 제공하는 개념으로 탈바꿈했다.

앞서 잠깐 언급했지만, 이런 팝업스토어는 SNS에 최적화 될 수밖에 없다. 대중들은 의미 있는 경험을 했을 때, 자신의 타임라인을 채우곤 한다. 지나가다 만나는 수많은 점포들보다는, 정체성을 드러내며 소위 SNS 감성으로 꽉찬 팝업스토어가 훨씬 더 눈에 들어올 수밖에 없다. 게다가 항상 존재하는 공간도 아니고 한정된 기간 동안 접근할 수 있기 때문에, 희소성에 열광하는 SNS의 속성에도 딱 들어맞는다. 따라서 팝업스토어는 단기간에 SNS 언급량을 끌어올리는 효자의 역할을 하고 있다. 물론 항상 지속되는 공간은 아니기 때문에, 열어두는 기간 동안만 역할을 수행할 수 있다는 건 팝업스토어의 단점이다. 하지만 이는 역으로 생각해보면, 오히려 언제나 접근할 수 있는 공간은 지금의 트렌드에서 매력이 많이 떨어진다. 한정된 기간 동안 방문해서, 한정된 경험의 일원이 될 수 있다는 사실이 오히려 더 압도적 존재감을 발휘할 수도 있다. 그러니 단점을 충분히 상쇄할만한 강점을 가졌다는 걸 알 수 있다. 경험 자체를 경험하게 만드는 방식으로는 이만한 게 없다는 인식도 팝업스토어가 많아지는 데 큰 역할을 하고 있다.

이런 공간에서 어떻게 핸드폰을 꺼내지 않을 수 있겠는가? (출처: 레고코리아)

레고의 팝업스토어는 의미 있는 기념과 더불어 역사를 알려주며 큰 인기를 끌었다. 레고 마니아들의 열정적 반응은 물론이고, 일반 대중들의 발길도 사로잡았다. 사진 찍을만한 레고도 많았고, 레고의 역사를 알 수 있으니 콘텐츠 면에서도 나쁘지 않았다. 한 달 남짓한 운영기간이었지만, 많은 대중들의 방문을 불러왔다. 아마 대중들은 레고라는 대상을 장난감으로 가장 먼저 접했을 것이다. 자신이 가지고 있는 기억과 이미지를 바탕으로 레고를 새롭게 경험하고, 이 자산을 바탕으로 레고를 다시 인식했을 가능성이 높다. 이렇듯 팝업스토어는 경험 자체의 경험을 제공하는 가장 좋은 통로 중 하나라고 봐도 무방하다.

장수 게임으로 유명한 메이플스토리는 메타버스 메이플스토리 월드를 열었다. 이 신규 플랫폼의 특징은 메이플스토리의 방대한 리소스를 활용해 누구나 본인만의 월드(콘텐츠)를 직접 제작, 공유하고 다른 이들과 함

메타버스는 또다른 경험의 시작이다(출처: 넥슨).

께 플레이할 수 있다는 것이다. 대중들은 메이플스토리 월드에서 만들어진 다양한 종류의 콘텐츠를 넘나들면서 각양각색의 콘셉트를 지닌 월드들을 즐기고, 본인만의 개성 있는 아바타를 꾸며 다른 이들과 소통할 수 있다. 앞서 메타버스는 간접 경험에서도 소개했지만, 경험 자체의 경험으로도 해석할 수 있는 여지가 충분하다. 물론 메타버스는 가상의 공간이기 때문에 간접 경험 쪽에 더 가깝지 않냐고 되물을 수 있을 것이라 생각한다. 하지만 메타버스의 핵심은 가상공간과 현실의 연결이다. 메이플스토리 월드도 직접 자신의 세계를 창조하고, 이를 통해 현실과 똑같이 사람들과 소통하는 구조를 가지고 있다. 메타버스 활용은 공간만 이동했을 뿐, 현실과의 연계성 때문에 충분히 경험 자체의 경험으로써 좋은 수단을 제공한다. 따라서 수많은 메타버스 경험의 사례들을 면밀히 분석하고, 어떤 측면에서의 경험이 가장 어울릴지에 대한 고민을 아끼지 말아야 할 것이다. 이런 고민은 메타버스 활용도뿐만 아니라, 메타버스를 활용하지 않더라도 기존 플랫폼들을 활용할 수 있는 색다른 아이디어를 가져올 가능성이 있다.

우리가 익히 알고 있는 체험단의 개념도 경험의 경험이라는 범주에

삼성전자도 여전히 체험단을 활용한다(출처: 삼성전자).

들어간다. 서비스가 상품을 직접 경험할 수 있도록 하는 것이기 때문이다. 사실 체험단 자체가 꽤나 오래 활용된 개념이기 때문에 트렌디하다는 생각을 가지기 어려울 수도 있다. 하지만 경험 자체를 중시하는 트렌드에서, 체험단은 여전히 중요한 포인트를 가진다. 그래서 삼성전자와 같은 회사도 여전히 신제품이 출시 될 때마다 체험단을 모집에 제품을 먼저 경험할 수 있는 기회를 부여한다. 다만, 트렌디한 방식이 되려면 소위 확산력에만 의존하는 방식은 다시 생각해 봐야 할 필요가 있을 것으로 본다. 물론 기업이나 브랜드 입장에서는 이 확산력이 판단의 관건일 수밖에 없다는 건 당연한 일이다. 하지만 대중들은 끊임없이 반복되고 있는 유사한 형태의 리뷰 콘텐츠를 딱히 신뢰하지 않는다. 그러니 기존의 체험단 개념은 오로지 광고의 관점에서 접근하고, 좀 더 창의적인 표현을 할 수 있는 대중들을 대상으로 체험단을 넓힐 필요가 있다. 또한 체험단의 경험 자체가 다른 대중들에게 의미 있는 지침서나 콘텐츠로 다가갈 수 있도록 기획의 측면을 좀 더 강조해야 할 것이다. 이 부분만 극복해 낸다면, 여전히 체험이라는 단어로 기록되는 경험은 트렌디하며 의미 있다고 판단해도 좋다.

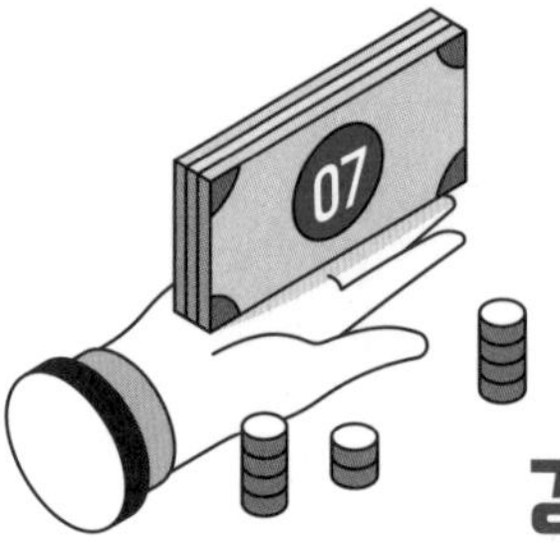

# 경험을 제공하는 4가지 방식: 정보의 경험

마지막 방식은 '정보의 경험'이다. 트렌드의 관점에서 이 단어를 흥미가 느껴지는 지식이라고 표현하고자 한다. 보통 흥미라는 범주에 재미, 호기심, 의미 등을 포함 시킨다. 이 세 가지 요소를 먼저 정의하고 넘어가자.

트렌드를 볼 때 흥미로운 정보란 먼저 '재미'가 있어야 한다. 재미란 웃기는 것만 의미하는 게 아니다. 정보를 끝까지 지켜볼 수 있는 요소를 의미한다. 즉, 트렌드에서 재미란 필연적으로 콘텐츠 소비 지속 시간을 의미한다고 볼 수 있다. 유튜브에서 말하는 시청 지속 시간과도 비슷한 개념이다. 여기에서 가장 중요한 것 중 하나는 제공하려는 정보가 타이틀이나 대주제와 일치해야 한다는 것이다. 대부분 조회수에 눈이 멀어 타이틀이나 대주제는 자극적으로 설정하고, 정작 내용과 일치하지 않는 경우를 자주 접하게 된다. 이 경우 대중들은 당연히 정보에서 이탈하게 되고, 신뢰를 갖지 않게 될 것이다. 따라서 다양한 재미 요소를 시도하는 것은 좋으나, 타이틀과 대주제를 정확히 반영할 수 있는 정보를 제공해야 한다는 걸 반드시 염두에 두도록 하자.

두 번째는 '호기심'이다. 이는 '생경함'이라고 표현하기도 한다. 호기심이 느껴지려면 익숙함보다는 생경함이 큰 힘을 발휘하기 때문이다. 보통은 기존 방향성과는 조금 다른 정보를 제공할 때 호기심을 불러일으킬 수 있다. 중요한 정보를 빠르게 수집해 제공하는 것도 호기심을 만들어내기에 적합하겠지만, 이 방식은 자칫 잘못하면 화제성에만 이끌려 잘못된 방향성으로 빠질 가능성도 있어 유의하는 게 좋다. 그래서 일반적으로는 기존에 제공했던 정보의 방향성을 직접 분석하고, 새로운 방향성을 강구하는 부분을 추천하곤 한다. 예를 들어 식물 재배법에 대한 유튜브를 운영하고 있다고 가정해보자. 식물을 잘 키우는 방법들을 열심히 설명해 정보를 제공했다. 여기서 방향성을 바꾸어, 식물을 키우지 말아야 할 사람들을 찾아보는 것이다. 기존 방향성이 식물 재배법에 초점이 맞춰져 있었다면, 새로운 방향은 식물을 키우는 사람에게 집중하는 것이다. 이런 방식으로 방향성을 바꾼다면. 기존에 접하던 사람들은 호기심을 느끼고 더 접근하게 될 가능성이 높다. 처음 접하는 사람도 평범하지 않은 방향성에 응답할 수 있을 것이다. 이렇듯 기존과는 다른 방향성들을 고민하며 정보의 결을 바꾸어 나아가면 호기심에 대한 니즈는 확보할 수 있다고 본다.

세 번째는 '의미'이다. 정보는 의미가 없다면 존재 가치가 없다. 가장 대표적으로는 효용성이다. 활용이 가능하지 않다면, 정보는 딱히 있을 필요가 없다. 특히 우리는 팬데믹을 겪으며 생각지도 못한 상황들을 마주했고, 불확실성이 크게 증가하는 시대라는 걸 깨닫게 되었다. 이런 상황 속에서 애매한 활용도를 지닌 정보는 필요가 없다. 그래서 정보에서 의미를 찾으려면 가까운 시일 내에 활용이 가능해야 하고, 타인과의 관계에서 스스로를 더 북돋아 줄 수 있는 방향성이 있어야 한다. 전자는 실용적인 정보, 후자는 지식을 넓혀주는 정보를 뜻한다.

트렌드는 이렇게 세 가지 방향성의 정보를 원한다. 그리고 이런 정보를 콘텐츠화 시켜 대중들에게 제공하는 게 바로 정보의 경험이다. 정보는 마케팅 메시지를 담아도 광고처럼 보이지 않는 장점이 있다. 게다가 좋은 정보라면, 대중들이 반복해서 보거나 접근하는 경우도 생긴다. 따라서 트렌드에도 어울리고, 콘텐츠 아카이브화를 위한 노력에도 큰 보탬이 된다.

활용도 높은 정보가 좋다, 사람이 모인다(출처: SK텔레콤 유튜브).

사례를 몇 가지 살펴보자. 가장 먼저 볼 사례는 SK텔레콤이다. SK텔레콤의 유튜브를 상상해보자. 어떤 내용이 나올까? 막연히 생각하면 아마도 통신에 대한 이야기 혹은 휴대폰 회선에 대한 이야기가 나오지 않을까 싶은데, 현실은 전혀 다르다. SK텔레콤은 '을지피플'이라는 타이틀을 내걸고 살아있는 정보와 트렌드를 전한다. 통신이나 인터넷 환경과 연관된 최신 트렌드를 상세히 짚어주거나, 회사 내부에 있는 전문가들이 직접 이야기를 펼치는 방식이다. 대표적인 예로 커리어 그룹장이 말하는 채용에 대한 콘텐츠가 있었다. 사실 이런 식의 정보 경험은 즉각적인 반응이 나올 수밖에 없다. SK텔레콤에 입사를 꿈꾸고 있었다면 가장 핵심적인 정보 아니겠는가? 만약 그렇지 않다고 하더라도 사회에 진출하는 연령층에게 있어서는 상당히 의미 있는 정보가 아닐 수 없다. 즉, 이런 정보를 경험하는 건 여러 방면에서 흥미로운 점이 많고, 효용성 또한 높다고 볼 수 있다. 기업과 브랜드, 기관은 정보의 경험을 제공하기 위해 이런 방식을 활용해 가장 살아있고, 가장 의미가 있을 만한 소재들을 발굴해야 한다. 냉정히 말하면, 대중들은 스스로 관심을 둔 정보가 아닌 이상 쳐다보지 않는다. 기업과 브랜드, 기관의 일반적 소식은 당연히 궁금하지 않다. 팬으로 상징되는 핵심 타겟층에게는 의미가 있을 수도 있겠지만, 우리는 늘 팬만 상대하지 않는다. 일반 대중들로 확산세를 이어 가야 마케팅이나 브랜딩에 성공할 수 있다. 따라서 SK텔레콤과 같은 사례를 지켜보며, 제공해야 할 정보의 방향성을 고민해봐야 할 것이다.

삼성증권은 역사 이야기를 한다. 갑자기 머리를 한 대 맞은 느낌일 수 있다. 증권회사에서 자신들의 서비스와 업무 분야와 전혀 연관이 없는 역사 이야기를 갑자기 왜 하는지 이해가 안 갈 수도 있다. 하지만 삼성증권은 투자에서 대중들이 취해야 할 행동과 연관된 역사를 꾸준히 발굴하고, 마치 역사 콘텐츠처럼 영상을 만들어냈다. 물론 투자와 관련된 이야기가 잠깐 들어가 있는 건 사실이다. 하지만 역사 스토리텔링만 듣고 있자면, 이게 역사 채널인지 증권사 채널인지 헷갈릴 정도다. 그만큼 완벽한 콘텐츠화를 위해 신경을 썼다는 이야기다. 이 사례는 앞서 언급한, 호기심을 바탕으로 한 생경한 정보의 경험이다. 분명 대부분은 증권회사 유튜브

도대체 증권 회사에서 왜 역사 콘텐츠를 하고 있는 걸까? (출처: 삼성증권 유튜브)

에 금융 관련 정보를 기대하고 들어갈 것이다. 하지만 트렌드는 이런 뻔한 경험을 원하지 않는다. 색다른 무언가가 필요하고, 호기심을 자극할만한 확실한 포인트가 있어야만 한다. 삼성증권은 이런 부분을 역사에서 찾은 것으로 보인다. 대중들은 역사 콘텐츠를 보며 그간 증권회사에 기대 했을 법한 정보의 경험 자체를 뛰어넘는 결과를 얻게 된다. 해당 콘텐츠가 흥미로운 경험으로 다가갔다면, 자연스레 후속편을 보기 위해 방문하게 될 것이다. 아마도, 기존의 금융 관련 콘텐츠라면 이런 결과를 기대하긴 어려웠으리라 생각한다. 정보를 경험하고 싶은 대중들의 니즈와 트렌드를 잘 파악한 결과라고 판단한다.

충주시는 지자체의 뉴미디어 홍보를 생각하면 빠짐없이 등장하는 기관이다. 자세한 설명이 필요 없을 정도로 뉴미디어를 잘 활용한다. 여기에는 트렌드에 대한 정확한 이해가 담겨있다. 일명 B급 감성이라고 표현되는 범주 안에 들어가는 솔직한 캐릭터, 극강의 공감, 그리고 다소 신기한 주제 선정을 모두 가지고 있다. 게다가 정보의 경험 면에서도 확실하게 트렌

충주시는 방향성 전환으로 지자체 뉴미디어 홍보의 대표가 되었다(출처: 충주시 유튜브).

디한 지점이 존재한다. 생경하다. 생경하기 때문에 정보의 경험 면에서 매우 새롭게 다가온다. 왜 생경할까? 기관이기 때문에 그렇다. 우리는 그간 기관의 뉴미디어 활용을 많이 봐왔다. 하지만 정해진 틀이 존재하는 것처럼 느껴졌고, 방향성을 전환하는 시도는 기관의 정체성을 해칠 수 있다는 판단 하에 이뤄지지 않았다. 그러다 보니 기관의 뉴미디어 활용에 대해 특정한 고정관념이 생긴 게 사실이고, 굳이 더 소비하려 하지 않는 대중들이 더 많았다. 어쩌면 충주시는 이 상황에 '카운터펀치(Counterpunch)'를 날린 것이다. 기존의 기관들이 하지 못했던 부분을 과감하게 시도하며 생경한 채널을 만들어냈고, 호기심에 접근한 사람들을 만족시킬만한 콘텐츠를 꾸준히 제공하며 채널에 안착시켰다. 기관의 특성을 생각해 볼 때, 이런 시도가 쉽지는 않았으리라 본다. 하지만 충주시는 우직하게 트렌드를 반영했다. 결국 주무관이 수많은 프로그램에 직접 모습을 드러내고, 성공 사례로 인정받는 결과를 얻어냈다. 어쩌면 우리는 기존에 해왔던 방식들을 바탕으로 생각하기 때문에 과거에 계속 매몰되어 있는지도 모르겠다. 이 껍질을 깨고 나오는 주인공은 트렌드에 적응하고, 껍질 안에 머무르려 하면 결국 대중들에게 외면 받을 가능성이 높아진다. 정보의 경험을 새롭게 하는 건 큰 시도 없이도 구현할 수 있는 부분이 많다. 기존에 해왔던 방향을 발전적 측면에서 새롭게 만들어보고, 대중들이 가장 원할만한 요소를 파악해 반영하면 되기 때문이다. 그러니 비교적 쉽게 트렌드에 적응할 수 있는 방법 중 하나라고 볼 수 있다. 몇몇의 사례를 바탕으로 이끌어 낼 수 있는 이야기에 반드시 주목하고, 대중들에게 새로운 경험을 제공할 수 있길 바란다.

# 경험에 대한 관심, 앞으로 어떻게 전개될까?

네 가지 측면에서 다양한 경험들을 알아봤다. 그렇다면 이런 경험에 대한 관심과 트렌드는 앞으로 어떻게 전개될까? 결론부터 말하자면, 앞으로 더 심화될 것으로 본다. 경험에 대한 관심은 더 커질 것이고, 경험을 원하는 대중들 역시 더 많아질 것이다. 이유는 생각보다 간단하다. 바로 1인칭에게 주목하고 있기 때문이다.

옷을 왜 입어보고 사는가? 안 맞을 수도 있다는 생각이 자리하고 있기 때문이라고 본다. 기성복은 맞춤복과 달라서 브랜드마다 조금씩 사이즈가 다를 가능성이 있기에 자신에게 꼭 맞는 옷을 사기 위해 입어보려고 하는 것이다. 물론 지금은 인터넷 쇼핑몰에서 실측을 제공하기 때문에 입어보는 과정도 줄어들고 있지만, 실측 역시 경험의 측면이다. 자신에게 필요한 옷의 사이즈는 실제로 치수를 재봐야 할 수 있으니 말이다. 마찬가지이다. 스스로 자신에게 집중하는 지금의 트렌드에서, 경험이란 곧 소비를 실행하는 중요한 이유가 된다. 방금 제시한 사례에서 이야기를 조금 더 확장하자면, 옷을 입어보고 맞지 않거나 맘에 들지 않는다면 사지 않을 것이다. 이 판단의 기준은 누구인가? 당연히 1인칭의 자신이다. 맞지 않는다는 사실도, 맘에 들지 않는다는 가치의 판단도 모두 자신이 중심이 되는 것이다. 트렌드가 요구하는 기준도 마찬가지다. 어떤 서비스나 상품이 자신의 기준에 맞고 어울리는지를 판단해 봐야 한다는 것이다. 반품의 과정 조차 번거롭게 여기는 지금의 대중들은 소비를 실행하기 전에 모든 걸 판단하고 싶어한다. 그래서 경험이 중요해진 것이고, 앞으로도 더 많아질 것이라 예측한다. 이 파트에서 소개한 개념들 외에도, 과거의 방식이라 여겨졌던 샘플 마케팅도 다시 사례가 많아지고 있다. 심지어 식품 회사들도 마케팅을 위해 취식 키트를 원하는 곳으로 보내는 경우도 생긴다. 어쩌면 그 옛날 화장품 매장에서 나눠주던 샘플은 시대를 앞서 간 개념이었을지도 모르겠다.

결국 경험은 소비의 이유가 되고 근거가 될 거라고 예측한다. 온, 오프라인을 넘나들며 대중들에게 의미 있는 경험을 제공하는 기업과 브랜드가 승리할 것이다. 또한 색다른 경험을 일으킨 기관이 소통에 성공할 수 있을 것이라 본다. 경험이라는 단어가 주는 단순하지만 확실한 효과를 인지하고 트렌드에 어울리는 방법들을 고민해 보도록 하자.

PART 4

# 큐레이션 : 개인화와 경제성의 양면적 매력

# 큐레이션의 시대가 왔다

큐레이션(Curation)이란 정보를 깔끔하게 정리해 새로운 의미를 설정하는 작업을 말한다. 두 가지 방식이 있고, 두 가지 방식 모두 트렌디하다. 첫 번째는 빅데이터 활용이다. 많은 기업과 기관이 사용하고 있는 방식이다. 정보를 수집해 재가공하고, 이를 바탕으로 사용자들을 위한 추천이나 환경을 만들어가는 것이다. 미코노미가 말하는 개인에 대한 집중과 관심을 반영할 수 있는 좋은 방법이라 트렌드에 따라 많은 적용이 이뤄지고 있다. 또 다른 한 가지는 정보를 정리하는 것이다. 굳이 표현하자면, 날것의 콘텐츠를 피해 가는 방식이 아닐까 싶다. 살아있는 재료를 완전하게 선보이는 과정이 트렌드하다는 점에서 보면, 미식의 세계에서는 날것이 더 좋을지도 모르겠다. 하지만 대중에게 선보일 정보는 날것이 매우 위험할 수 있다. 차라리 정보를 가공하는 과정을 공급하는 건 트렌디할 수 있으나, 그대로를 제공하는 건 결코 트렌드가 원하는 방식이 아니다. 트렌드가 원하는 방식인 큐레이션, 유형을 넘어 큐레이션이 필요해진 이유를 몇 가지 알아보도록 하자.

일단 정보가 너무 많다. 과거에는 매스미디어로 상징되는 텔레비전, 라디오, 신문 정도가 정보를 공급하는 미디어의 전부였다. 정보가 양적인 측면에서 다소 적을 순 있지만, 혼란스러울 정도는 아니었다. 물론 정보 공급자의 의견이 지나치게 들어갔다는 점은 아쉬웠고, 그러다 보니 뉴미디어는 이런 약점을 해결하고자 열린 방향성을 지향하게 되었다. 뉴미디어 시대가 열린 후, 우리는 정보 공급자와 평등한 시선에서 많은 콘텐츠들을 접할 수 있게 되었다. 하지만 문제는 너무 많다는 것이다. 페이스북, 인스타그램, 틱톡 등 다양한 대상이 존재한다. 포털, 유튜브 등 다양한 뉴미디어도 있다. 여기에 각종 콘텐츠에 달리는 댓글과 커뮤니티까지 포함하면 정보의 양은 기하급수적으로 증가한다. 한마디로 매우 혼란스러운 상태인 것이다. 정보의 질적인 측면만을 말하고자 하는 건 아니지만, 이렇게 정보가 많아지면 정리하기가 쉽지 않다. 질적인 측면은 각자 원하는 방향과 방식이 다를 수 있기 때문에 개인적인 판단이 필요하다. 그러나 이런 판단을 내리기까지 너무나도 많은 정보를 접해야 한다는 것이 현 시점에서 뉴미디어가 만들어가는 상당한 피로감에 해당한다. 결국 피로감을 줄이는 트렌디한 선택 중 하나가 큐레이션이라는 것이다.

이는 무엇보다 경제적이다. 우리는 늘 시간은 돈이라는 이야기를 듣고 산다. 지금의 추세처럼 다양한 시간 활용이 가능한 세상에서는 더욱 더 그렇다. 낭비하는 만큼 다른 걸 할 수 없다. 너무나 많은 정보들을 손에 들고, 직접 필요한 정보를 걸러내는 과정을 소화한다면 그만큼 시간을 소요하게 된다. 만약 이 정보들이 콘텐츠화 되어 러닝타임이 상당한 상황이라 가정하면, 더 많은 시간이 필요하게 될 것이다. 추가되는 시간만큼, 우리의 소중한 돈이 사라지고 있는 것이다. 만약 이 시간을 아낀다면, 스스로를 위해 더 많이 사용할 수 있을 것이다. 단순한 휴식부터 시작해 자기계발까지, 활용의 폭은 무궁무진하다. 즉, 큐레이션으로 정보를 정리해 제시하는 건 대중의 시간을 아껴주는 일이다. 자신의 시간을 확보하기 위해 충분한 돈을 쓸 마음이 있는 게 지금의 대중들이다. 따라서 큐레이션은 그 자체로 경제적 선택을 돕는 효율적인 선택지가 되는 것이다.

또한, 효용성이 높다. 큐레이션 콘텐츠는 정보가 정리되어 있다. 설사 이 콘텐츠가 마케팅을 위한 것이라도, 정리된 정보는 해당 주제에 관심있는 대중들에게 효용성 높은 대상으로 인지될 가능성이 높다. 이렇게 생각해보자. 1인 가구를 위한 가전제품을 생산했다고 가정을 하고 큐레이션을 고민 해보면 어떨까? 특정 제품 한 가지를 홍보하는 것과 '1인 가구 필수 가전제품'이라는 주제로 생활에 밀접한 제품들을 제시하는 것, 어느 쪽이 더 효용성 있게 느껴지겠는가? 당연하게도 후자다. 전자는 단순 광고로 인지할 것이고, 후자는 1인 가구를 위한 가전제품 추천이라는 콘텐츠로 인식할 가능성이 높다. 게다가 후자는 전자에 비해 훨씬 더 자신의 삶에 효용성이 있다고 생각하리라 본다. 즉, 생산자 입장에서 보면 광고 메시지를 담아도 광고 답지 않는 느낌으로 대중들에게 다가갈 수 있을 것이다. 대중 역시 광고보다는 효용성을 바탕으로 인지하기 때문에, 접근을 꺼려하지 않을 것으로 본다.

이런 상황들이 트렌드가 큐레이션을 원하는 이유다. 최대한 날것을 피하려는 노력과 고민이 트렌드에 대한 적응법을 높일 것이다.

## 개인화, 큐레이션으로 달성하기

미코노미에서 개인에게 주목하는 것에 대한 중요성을 강조했지만, 큐레이션은 개인을 향한 집중을 달성할 수 있는 좋은 해답이기도 하다. 빅데이터도 좋고, 정보의 정리도 좋다. 단, 빅데이터는 사례로는 제시하겠으나 이 장에서는 정보의 정리 쪽에 초점을 맞춰서 알아보려고 한다. 개인화라는 단어 자체가 무겁고, 어렵게 다가올 것이라는 걸 안다. 트렌드가 요구하는 개념이니 조금 쉽게 접근해 보고 싶은데, 그렇게 하기 어렵다는 것 또한 알고 있다. 이런 상황에 큐레이션이 상당히 괜찮으며 쉬운 해답일 수 있다는 걸 기억해두면 좋을 것이다.

편하게 생각해보자. 한 가지를 제시했을 때와, 다섯 가지를 제시했을 때 중 어느 쪽이 더 많은 사람들을 만족시킬 수 있겠는가? 다섯 가지를 제시했을 때가 더 많은 사람들을 만족시킬 수 있다. 한 가지만제시한다면 해당 선택지에 관심 있는 사람들만 접근하겠지만, 다섯 가지는 무려 다섯 가지 방향의 선택지로 각각의 타겟 대상에게 다가갈 수 있다. 큐레이션이 이런 것이다. 주제와 대상을 정하면, 해당 대상에 관심 있는 사람들을 잠재적으로 타겟팅 할 수 있다. 즉, 각각의 대상에 해당하는 사람들에게 만족감을 줄 수 있을 테니 최소한 해당 대상의 개수만큼의 취향과 생각을 반영할 것이다. 각 개인에게 어울리는 선택지를 정보로 제시했으니, 개인화가 이뤄지는 것이다. 이렇듯, 개인화는 어렵게 생각하면 정말 어렵지만 쉽게 생각하면 반영 가능한 트렌디한 방법들이 있다. 큐레이션은 이런 느낌으로 생각하면, 미코노미에 대한 관심을 적극적으로 받아들이는 방식이기도 한 것이다.

지식도 큐레이션하면 훨씬 더 근사해 진다(출처: 네이버).

네이버가 제공하는 '지식+'라는 플랫폼을 보자. 지식+는 과학, 경제·비즈니스, 문화예술, 인문교양, 라이프·건강, IT·테크, 작가·글방 등 주제별 다양한 콘텐츠를 이용자가 손쉽게 소비할 수 있는 서비스다. 관심사와 니즈에 맞게 골라볼 수 있는 피드 등 큐레이션이 적용되어 있다. 특히 '짧은 교양 지식', '특정 트렌드', '잠들기 전', '출근길 잠깐' 등 다양한 상황에 따른 큐레이션으로 재미를 선사한다. 자, 이 서비스를 보면 개인화가 보인다. 주제를 정해 지식이라는 대상을 선정했는데, 각자 원하는 주제나 상황을 반영해 선택 가능한 부분이 존재한다. 즉, 천편일률적인 지식 공급보다는 반영하는 상황과 주제를 증대시켜 각자의 만족감을 끌어올리는 것이다. 따라서 큐레이션 자체가 개인화를 만들어 간다고 볼 수 있다. 물론, 이런 큐레이션 방식으로 모두에게 다 다른 선택지를 제공하긴 어렵다. 하지만 적어도 과거보다는 훨씬 더 많은 유형의 사람들을 상대하고, 그들의 마음과 상황을 반영하는 과정을 만들어 갈 수 있다. 이런 노력이 꾸준히 이뤄진다면, 과거보다 더 많은 사람들을 만족시키는 개인화도 가능해질 것이다. 그리고 이 과정을 선도하는 개념은 당연히 큐레이션이다.

묻지도, 따지지도 말고, 쇼핑의 기준은 큐레이션이다(출처: GS리테일).

GS프레시몰은 AI 기반의 큐레이션 서비스를 제공한다. 여기에 의미 있는 통계도 하나 내놨는데, 바로 고객 규모에 대한 것이다. GS프레시몰 통계에 따르면 큐레이션 서비스를 이용해 쇼핑을 하는 대중 규모가 론칭 초기 대비 125% 정도 상승했다. 또한 매출도 117% 정도 성장세를 보였다. 대중들의 지갑을 여는 트렌디한 방식 중 하나가 큐레이션이라는 나의 주장을 뒷받침해주는 수치라고 봐도 좋을 것이다. 이런 GS프레시몰은 상품 검색, 구매 데이터 등 쇼핑 과정에서 축적된 고객 행동 데이터를 종합적으로 분석해 고객별 최적의 상품을 선별하여 알려준다. 자주 구매하는 상품, 유사 상품 추천 서비스 기능까지 추가해 쇼핑을 지원하기도 한다. 큐레이션 방식을 통해 각자가 다른 쇼핑 정보를 받게 되고, 각자의 맘에 들 수밖에 없는 서비스가 제공된다. 그렇기 때문에 매출도 오르고, 이용자도 증가하는 것이다.

개인화는 큐레이션을 통해 초보적 수준부터 전문적 수준까지 커버 가능하다. 앞으로도 빅데이터의 고도화, 그리고 주제에 따른 기획력이 더해지며 큐레이션은 더 높은 개인화를 향해 달려 나가는 연료 역할을 할 것이다. 또한 대중들은 큐레이션에 익숙해지며, 평면적 수준의 서비스와 상품을 어색하게 느낄 가능성이 높다. 당연히, 개인화가 이뤄지는 과정에서 제공되는 일방적인 서비스와 상품은 실망감으로 다가가게 될 것이라 예상한다. 개인화에 대한 중요성을 인지하고 있다면, 트렌드의 한 단면으로 큐레이션을 반드시 이해할 필요가 있다. 그리고, 큐레이션의 방법 및 개념도 반드시 기억해야 할 것이다.

# 큐레이션 만들기, 'S.O.S' 기법에 주목하라

이런 큐레이션을 트렌드의 관점에서 바라보고 적용하기 위해선 'S.O.S'를 기억해야 한다. 이 방식은 기획 및 활용에 대한 것이다. 빅데이터를 활용한다면, AI가 수집 위주로 역할을 담당해 줄 것이니, 굳이 기법이 필요 없을 수도 있다. 하지만 매번 빅데이터에만 의존할 순 없으며, 상황에 따라 빅데이터를 활용하는 게 어려운 경우도 있을 것이다. 따라서 기획과 활용의 관점에서 큐레이션을 바라보는 시선은 반드시 필요하다. 제시하는 S.O.S의 의미는 다음과 같다. Subject, Object, Summary의 첫 알파벳을 땄다.

Subject는 주제를 의미한다. 큐레이션을 위해선 먼저 주제를 정해야 하기 때문에 가장 처음에 등장한다. 주제 없는 큐레이션은 아예 존재하지 않는다고 봐도 좋다. 그만큼 주제를 정하는 건 큐레이션의 성공을 좌우하는 과정이며, 큐레이션 자체에 생명력을 불어넣기 위한 아이디어가 등장하는 중요한 개념이다. 사실 주제는 어떤 것이어도 좋다. 주제를 정하는 과정 자체가 큐레이션의 중요성을 인지한 것이라 보기 때문이다. 물론 주제에 따라 결과는 조금씩 달라질 수 있을 것이다. 하지만 주제를 생각하고 설정해 봤다면, 당신은 이미 트렌드에 적응하고 있다고 볼 수 있다. 주제를 정한다는 건, 이야기 재료들을 묶는 큰 제목을 정하는 것과도 같다. 예를 들면 이런 것이다. 만약 우리가 4,000원짜리 생활용품을 개발해 판매한다고 가정해보자. 4,000원이면 꽤나 가성비가 좋은 제품일 것이고, 생활용품이라면 대중들의 시선에서도 크게 멀어지지 않는 상품군이다. 하지만 그럼에도 불구하고 "생활용품"이라는 홍보 문구는 트렌디하지 못하다. 큐레이션, 즉 주제의 정리가 빠져있기 때문이다. 이런 방식 보다는 "4,000원대 가성비 생활용품"이라는 주제를 정하고, 함께 제시할만한 재료들을 생각해보면 훨씬 더 의미가 있을 것이다. 대중들은 이 주제를 가지고 필요했던 정보를 인식할 수 있고, 광고라는 인식보다는 정보로 해당 주제를 판단할 것이기 때문이다. 주제를 정하는 건 이런 작업의 시작이자 기본이라고 볼 수 있다.

Object는 대상이다. 큐레이션 주제에 들어갈 대상들을 물색해야 한다. 큐레이션이 매우 트렌디한 방법임에도 불구하고, 대부분 실패하는 이유는 바로 여기에 있다. 주제를 잘 정하는 첫 걸음을 내딛었으나, 대상들을 너무 한정적으로 제시해 재미가 결여된 큐레이션을 선보이기 때문이다. 만약 직접 선보이는 상품이나 서비스가 충분하다면 상관없다. 하지만 상품이나 서비스가 부족하거나, 소통 재료가 부족할 시에는 다른 대상을 물색하는 작업을 소홀히 하면 안 된다. 이 물색 작업 자체가 타인을 홍보해주는 것이라는 생각에 머뭇거리는 경우가 많다. 하지만 타인을 홍보해준다는 생각 자체가 잘못되었다고 본다. 우리는 하나의 콘텐츠를 제작하고 있는 것이니 말이다.

조금 더 쉽게 이해해보자. 우리가 만약 친환경 연료를 사용하는 자동차를 개발했다고 가정해보자. 개발 자체는 당연히 획기적일 것이다. 하지만 외부에 큐레이션 주제로 소개하기에는 개발한 제품이 하나밖에 없기 때문에 대상이 부족하다. 이럴 때는 친환경 자동차라는 주제로 다른 대상들을 함께 묶어 큐레이션 주제를 완성해야 한다. 분명 대중들은 친환경 자동차라는 키워드로 많은 제품들을 찾을 것이다. 우리는 이 찾는 과정에서 필요한 시간과 노력을 단축시켜 줄 수 있고, 이는 의미 있는 콘텐츠가 될 것이다. 단, 대상이 충분히 나왔을때만 말이다. 그러니 대상을 확장시키고, 대상을 조사하는 작업을 절대 게을리하지 말아야 한다.

Summary는 정리이다. 주제도 좋고, 대상도 다 조사했다. 다음으로는 정리로 큐레이션을 완성해야 한다. 아무리 좋은 주제에 대상이 나왔다고 해도, 정리가 어설프면 의미를 찾기 어렵다. 앞선 사례를 다시 고려해보자. 친환경 자동자 제품 다섯 가지를 대상으로 선정했다. 그러면 사진만 쭉 나열할 것인가? 이건 큐레이션이라고 보기 어렵다. 대중에게 필요할만한 정보를 기재하고, 소비를 위한 판단에 도움이 될 만한 이야기들을 정리해야 한다. 아주 쉽게는 가격과 같은 정보들이 있을 것이다. 가격뿐만 아니라 소비에 영향을 미칠 수 있는 정보를 대중의 입장에서 생각해보면 정리에 답이 보일 것이다. 대부분이 주제 선정, 대상 물색까지는 수행하지만 시간이나 노력의 부족으로 정리 과정에서 애매한 콘텐츠를 만들어내곤 한다. 정리가 트렌디한 큐레이션을 완성하는 마지막 단계라는 마음으로 접근하면 더 좋은 결과를 기대할 수 있을 것이다.

위메프의 식품 큐레이션 '맛신선'은 S.O.S 법칙에 적절한 사례다. 맛신

위메프의 큐레이션은 식품에서 좋은 해답을 제시한다(출처: 위메프).

선은 매거진 형태다. 트렌드관, 제철관, 보증관, 맛집관 등으로 구성되어 있다. 각 관에서는 소비자 취향을 세분화해 큐레이션한 다양한 식품을 웹 매거진 형태로 선보인다. 단순 판매 정보를 넘어 식재료에 얽힌 이야기부터 레시피, 미식 가이드 등을 담는다. 콘텐츠는 글과 사진, 영상까지 결합해 흥미 요소를 더했다. 콘텐츠 내에서 상품 구매도 바로 가능하다. 첫 번째 S에 해당하는 주제 선정은 트렌드, 제철, 맛집 등으로 적용했다. O에 해당하는 대상은 다양한 전국맛집 및 제철 음식을 수집하며 진행했다. 마지막으로 두 번째 S에 해당하는 정리는 레시피, 가이드 등 대중들이 활용할 수 있는 정보 위주로 정리됐다. S.O.S의 세 가지 요소가 매우 잘 구성되었고, 기존의 단순 식품 쇼핑 서비스보다 훨씬 트렌드에 어울리는 방식이라고 볼 수 있다.

롯데마트의 와인 매장 보틀벙커도 큐레이션을 적용했다. 일단 이 서비스는 대중이 좀 더 편하게 접근하는 방식에 초점이 맞춰져 있다. 매장에서 즉시 픽업하는 스마트 픽업, 실시간 재고 확인 등이 가능하기 때문이

와인도 큐레이션으로 서비스하는 시대가 왔다(출처: 롯데마트).

다. 또한 구매 기록 및 상품 검색 기록을 바탕으로 한 개인 맞춤 추천, 즉 빅데이터형 큐레이션도 적용되어 있다. 하지만 이면에는 S.O.S를 반영한 큐레이션이 존재한다. 여기서 찾을 수 있는 대주제는 와인이다. 선호도에 맞는 와인, 추천 와인 등 주제는 조금씩 세분화해서 진입하게 되지만, 주제는 확실하다. 대상은 다양한 와인이다. 한 가지 와인에 주목하지 않고, 각자의 성향에 맞는 다양한 와인 제품들이 대상으로 등장한다. 이어 정리는 각자에게 가장 잘 어울리는 와인을 추천하거나 혹은 이용자들의 시음 기록에서 발견하는 정보 등 다채로운 방식으로 완료된다. 빅데이터와 S.O.S 비법이 적절하게 결합되어 있다고 볼 수 있으며, 와인이라는 제품을 트렌디한 방식으로 알릴 수 있다.

카드사도 큐레이션 없으면 재미도 없다(출처: 롯데카드).

롯데카드가 유용한 소비정보와 할인혜택, 트렌디한 상품 정보를 고객 맞춤형으로 추천해주는 콘텐츠 큐레이션 서비스인 '트렌드(TREND)' 탭을 자사 애플리케이션에서 운영하고 있다. 주요 내용은 소비에 대한 인터뷰 콘텐츠, 에세이, 웹툰, 취미 등 다양한 주제를 활용한다는 것이다. 여기에 개인 소비 데이터를 바탕으로 상품을 추천해 주는 회원 전용 온라인 쇼핑몰 콘텐츠 등을 더해 큐레이션을 완성하고 있다. 소비 데이터는 AI활용에 해당한다. 다양한 콘텐츠 활용은 주목할 만한데, 먼저 S에 해당하는 주제는 앞서 소개한 것처럼 상당히 다양한 콘셉트를 잡고 있다. O에 해당하는 대상은 주제에 따르는 콘텐츠들이 될 텐데, 한 가지만 서비스하는 게 아니라 꾸준한 업데이트를 지향하면서 대상을 늘려간다고 볼 수 있다. 마지막으로 또 다른 하나의 S를 상징하는 정리는 웹진 형태로 깔끔하게, 유용한 정보들을 제시하고 있어서 의미도 더했다고 보면 좋다. S.O.S 기법에 해당하는 모든 요소들이 잘 적용되어 있다.

사례를 통해 알 수 있는 사실은 크게 두 가지다. 대중들과 소통하는 방식으로 큐레이션을 활용하면 S.O.S 기법을 잘 적용하는 사례들이 눈에 들어오고 있다는 것이고, 또 다른 사실은 다양한 업계에서 트렌드 적응을 위해 활용한다는 것이다. 따라서 큐레이션은 단순한 접근이 아니라, 트렌드가 원하는 방식이라는 걸 인지하고 시도에 대한 고민을 반드시 해야 하는 것이다. 대중의 시간은 그리 많지 않다. 그 많지 않은 시간에 여력을 더해주고, 활용도를 높이는 전략은 언제나 옳다는 걸 꼭 기억하자.

## 수평사회, 정보의 방향성을 바꿔라

이렇게 트렌디한 큐레이션, 적용만 하면 무조건 옳은 걸까? 물론, 트렌드에 적응하고 시도하려는 노력 자체로도 매우 훌륭하지만, 이왕이면 결과까지 뒤따라야 더 기쁘지 않을까. 그래서 큐레이션 트렌드에 적응하며 꼭 유의해야 할 점 세 가지를 정리하고자 한다.

가장 먼저 유의할 점은 정보의 방향성을 바꾸는 것이다. 대중의 선택을 받지 못하는 시도는 큰 의미가 없으니, 기왕이면 대중들의 마음을 읽을 수 있는 노력을 더 해야 한다는 것이다.

최근 트렌드를 '수평사회'라고 표현하면 어떨까 싶다. 과거는 반대로 '수직사회'였을 것이다. 정보를 가진 자가 우위를 점해 사회의 꼭대기에서 대중들을 내려다보는 구조였다. 매스미디어를 가장 먼저 떠올리겠지만, 사실 기업이나 기관도 수직사회의 꼭대기에 존재했다. 물론 기업과 기관은 대중들의 이야기를 들어야 했기에 강제적인 힘을 발휘하진 못했다. 그러나 지금처럼 활발하게 대중들과 소통하진 않았다. 대중들의 의견보다는 자신들의 생각을 반영해 모든 상황들을 통제해 나갔기 때문이다. 그러니 소위 '될 만한' 것들만 공급됐다. 압도적으로 많이 팔리거나, 압도적으로 지지를 받는 것들이 중심을 이뤘다. 즉, 이 압도적인 부분에 들어가지 못하는 대중들은 선택권을 보장받을 수 없었다. 그래서 이를 수직사회라고 표현한 것이다.

하지만 지금은 수평사회다. 그만큼 기업이나 기관에 의견을 전할 수 있는 통로도 많아졌고, 앞서 언급한 취향소비처럼 대세에 순응하지 않아도 충분히 행복할 수 있는 방식이 등장했다. 이런 상황에서 대중들은 점점 본인들의 존재감을 인식하기 시작했다. 정당한 방식으로 기업이나 기관에 원하는 걸 요구하기 시작했고, 이제는 수직적인 소통 구조를 유지하는 기업과 기관은 외면을 받을 수밖에 없는 환경이 만들어졌다. 수평사회의 트렌드를 바라보며, 나는 이렇게 한 마디를 하고 싶다.

"대중은 그들이 관심 있는 것 빼고는 전혀 관심을 두지 않는다."

대중들은 정말 본인이 관심 있는 사항 말고는 전혀 관심이 없다. 예를 들어 A라는 회사가 B, C, D라는 제품을 공급한다고 생각해보자. 그리고 F라는 대중이 B라는 제품에 관심이 있어 해당 회사에게 접근했다. 그렇다면 C와 D에는 전혀 관심이 없을 것이다. 이게 지금의 현실이다. 마찬가지로 A라는 회사가 B, C, D라는 영상 콘텐츠를 제작했다. 그리고 F라는 대중은 B라는 영상이 맘에 들어 접근했다. 그렇다면 C와 D에는 전혀 관심이 없다. 그래서 유튜브 구독자를 모으고, 영상에 대한 반응을 얻는 게 어려운 것이다. 큐레이션 방향성은 철저히 대중을 향해야 한다. 우리가 말하고 싶은 게 아니라, 대중이 우리에게 듣고 싶은 게 무엇일지 고민해야 할 것이다. 기업이나 기관의 일원으로서 큐레이션을 진행하지 말고, 한 사람의 대중으로 돌아가 큐레이션을 바라보는 감각이 필요하다.

대중의 이야기에 적응해가는 노력이 필요하다(출처: 한화생명).

한화금융계열사(한화생명, 한화손해보험, 한화투자증권, 한화자산운용, 한화저축은행)는 'ZUMO'라는 애플리케이션으로 좋은 반응을 얻은 바 있다. ZUMO는 "주말에 뭐 하지?"라는 질문을 시작으로 여행, 취미, 나들이 정보 등 트렌디한 정보를 엄선해 추천하는 여가 정보 큐레이션 애플리케이션이다. 이 상황을 일상이라는 주제까지 확대해 'LIFEPLUS'로 업그레이드했다. 한화의 시도는 5년 기준 누적 다운로드 382만 건, 총회원수 145만 명, 애플리케이션 마켓 평균 평점 4.6점이라는 기록을 남겼다. 인기의 이유에는 결국 큐레이션이 있었다고 본다. 특히 정보의 방향을 대중으로 잘 돌려놨다. 아마도, 금융계열사에 대한 정보만 제공했다면 타사와 별반 다를 게 없었을 것이다. 하지만 대중들이 궁금해 할 만한 일상에 대한 키워드들을 적극적으로 제시하며 차별화를 두었고, 큐레이션을 활용해 완성도를 끌어올렸다. 우리가 알리고 싶은 이야기만 적극적으로 반영하는 불통을 생각하지 말라. 트렌드는 대중, 그 자체에 집중하길 원한다.

## 기억에 남는 콘텐츠를 지향하라

다음 포인트는 '콘텐츠'를 지향하라는 것이다. 기업이나 기관은 대부분 홍보 목적으로 큐레이션을 진행한다. 혹 개인이라면, 큐레이션을 통해 또 다른 수입원을 찾는 경우도 있을 것이다. 목적은 살짝 다르지만, 모두 마케팅에 초점이 맞춰져 있다. 하지만 이를 완전히 뒤집어서, 전혀 마케팅이 아니라는 생각으로의 접근이 필요하다. 다소 황당하게 들릴 수도 있겠지만, 이런 생각 없이는 큐레이션을 완성하기 어렵다.

이유는 간단하다. 마케팅 목적이 분명하게 보인다면 접근하지 않기 때문이다. 그렇다고 해서 뒷광고를 하라는 뜻이 아니라, 큐레이션 방향성을 고려해 봤을 때, 충분히 콘텐츠로 기능하는지를 판단하라는 것이다. 물론 이 과정이 수월하진 않을 수 있다. 목적이 분명한데, 해당 목적을 뚜렷하게 보이지 말라는 게 쉽지 않은 일이니 말이다. 하지만 최소한 큐레이션을 통해 결론으로 도출한 이야기들이 대중들에게 도움이 될지 판단해보라는 것이다. 단순한 아이템 나열, 누군가가 이미 숱하게 시도했던 주제 등 딱히 도움되지 않은 큐레이션으로 마케팅 목적을 드러내기보다는 조금이라도 기억에 남을 수 있는 큐레이션을 위해 최선의 노력을 기울여야 한다.

도움이 되어 기억에 남는다는 건 매우 중요한 일이다. 큐레이션과 연관된 이야기는 아니지만, 우리는 이미 숱한 레트로 사례로 기억에 남는 것에 대한 중요성을 경험한 바 있다. 레트로가 추억으로써 기억에 남는 방식을 택했다면, 큐레이션은 의미로써 기억에 남는 방안을 택해야 한다. 이 의미는 일상에서 활용 가능한 도움일 수도 있고, 혹은 생각지도 못했던 조합이나 주제를 통한 신선한 기억일 수도 있다. 두 가지 중 어떤 방향성도 좋다. 기억에 남는다면, 대중들은 스크랩이나 공유로 반복 접근을 시도할 수도 있다. 타인을 태그하여 알려줄 수도 있으며, 댓글로 자신이 느낀 의미를 표현할 수도 있다. 소위 반응과 연결되는 지점이기에, 기억에 남고자 하는 걸 목표로 삼고 큐레이션을 바라봐야 한다.

왜 매스미디어에서 주제별 모음집을 제공하는 걸까? (출처: JTBC Vovage 유튜브)

JTBC를 비롯한 수많은 매스미디어들은 유튜브를 통해 일명 모음집 콘텐츠들을 선보인다. 같은 프로그램 내에서 주제를 정해 편집을 가미하거나, 혹은 예전 예능을 주제에 맞게 다시 선별하는 방식들을 활용하고 있다. 주제를 정하고, 대상을 모아 제시하기에 전형적인 큐레이션 기법이다. 그렇다면 도대체 "왜?"라는 질문을 던져야 할 것이다. 대부분 조회수가 잘 나오니 그런 걸까? 물론 조회수가 하나의 이유가 될 순 있을 것이다. 하지만 기억에 남아야 한다. 해당 프로그램에 대중들 기억에 남아있어야 다시 접근할 수 있다는 걸 매스미디어도 인지하고 있다. 하지만 방송만으로는 부족하고, 단순 방송에만 집착하는 건 트렌디한 방식이 아니기 때문에 새로운 시도를 이어가고 있는 것이다. 이런 식으로 가장 재미있는 순간들을 주제화시켜 제시하면, 대중들은 빠른 시간 안에 흥미로운 부분만 소비할 수 있게 된다. 앞서 지적한 의미의 측면에서도 재미와 킬링타임이라는 목적을 달성했기 때문에 충분히 가치가 있다. 정말 재미있게 봤다면, 해당 프로그램에 대한 접근이 이뤄질 수 있을 것이다. 타인에게 추천하거나, 혹은 댓글로 이어지는 반응도 기대할 수 있다. 재미가 있는 부분도, 없는 부분도 존재하는 풀러닝타임 프로그램에서 느끼는 아쉬움을 큐레이션이 보완하고 있는 상황이다. 지금은 기억에 남는 지점을 더 많이 형성하기 위해, 콘텐츠를 바라보는 시선 자체를 바꿔야 할 시점이라고 본다.

# 질서 있는 자유로움

또 다른 한 가지 포인트는 질서 있는 자유로움이다. 질서가 있다고 표현한 건, 적정선을 지키라는 뜻이다. 일단 가장 직관적으로 설명하자면, 단순히 몇 가지 대상을 가지고 왔다고 해서 큐레이션이 되는 건 아니다. 앞 장에서 잠깐 지적하고 넘어왔지만, 큐레이션은 다수의 만족을 위해 움직여야 의미가 있다. 즉, 다채로울수록 볼거리, 즐길거리가 많아진다는 뜻이다. 간단하다. 음원 서비스에서 당신을 위한 추천곡들을 제시하는 경우를 많이 봤을 것이다. 2~3곡 추천 받는 것보다는 10곡 추천받는 게 당신의 취향을 만족시킬 가능성이 훨씬 높을 수 있다. 마찬가지다. 우리가 직접 기획하는 큐레이션도 대상이 많을수록 대중들을 만족시킬 가능성이 올라갈 것이다. 단, 내가 "질서 있는"이라는 표현을 사용한 건, 무조건적으로 수량만 늘리는 선택은 좋은 방향이 아니기 때문이다. 주제의 범주 안에서 최대한 많은 대상들을 물색하고, 대중들의 관점에서 질서 있게 반영하려는 노력이 필요하다. 주제에서 벗어날 정도로 많은 대상들을 나열하는 건 별 의미가 없을 수 있다.

이런 질서를 위해서는 큐레이션 대상의 개수를 미리 언급해주는 것도 괜찮은 선택일 수 있다. 대상의 수량을 대중들에게 알려주고, 충분한 선택지를 제공했다는 사실을 알리는 것이다. 예를 들어 우리가 "여름에 어울리는 음식"이라는 주제로 10가지 음식을 선정했다면, "10가지로 정리하는 여름 음식"과 같은 형태로 아예 수량을 먼저 명시해주라는 것이다. 직접 확인하는 것도 나쁘진 않겠지만, 질서 있는 정리가 이뤄졌다는 사실을 이런 식으로 어필해도 좋을 것이다.

정보의 정리 정도를 질서 있게 제시해주는 건 센스다(출처: 일사에프 유튜브).

MBC에서 운영 중인 유튜브 채널 일사에프(14F)는 트렌디한 스토리텔링과 큐레이션이 가득 모여 있는 채널이다. 트렌디한 방법의 결정판이라고 봐도 무방할 정도로, 트렌드에 어울리는 소통법을 훌륭하게 제시하고 있다. 특히 큐레이션 콘텐츠들은 질서 있는 정리의 정도를 잘 언급한다. 예를 들면 유형의 개수를 제시하거나, 선보이는 정보의 숫자를 미리 알려주는 식이다. 일사에프의 행보를 보면, 솔직히 잘 정리했을 것이라는 믿음은 이미 있다. 여기에 질서 있는 선 내에서 수량을 언급하며 충분한 큐레이션이 이뤄졌다는 또 다른 신뢰를 주는 것이다. 물론 무조건적으로 숫자에 집착할 필요는 당연히 없다. 개수를 기준으로 완벽히 분리가 어려운 정보도 분명 있을 것이다. 하지만 트렌드의 관점에서, 더 많은 신뢰와 확신을 주고 싶다면 좋은 선택이다. 이렇게 개수를 정해놓고 주제에 대한 정리를 실행하는 것도 충분히 괜찮은 행보가 될 것이다. 큐레이션은 너무나도 명확한 트렌드다. 물론 활용 가치도 높다. 결국은 활용에 대한 팁을 누가 먼저 반영하느냐에 따라 지속성과 성공 여부가 갈릴 것이다.

# 큐레이션, 미래 트렌드는?

큐레이션은 분명 더 힘을 얻어갈 것이다. 뉴미디어는 더 많아질 것이며, 정보 흐름의 중심으로 그 역할을 다할 것으로 본다. 매스미디어 역시 뉴미디어와의 경쟁을 통해 더 발전해 나갈 것이고, 뉴미디어의 소통법을 지속적으로 받아들여 나갈 것이다. 따라서 뉴미디어를 상징하는 큐레이션의 존재감은 계속 커질 것이며, 매스미디어 역시 뉴미디어를 통해 큐레이션을 지속적으로 선보이게 될 것이다. 여기에 AI가 고도화되며 큐레이션에 활용하는 기술이 많아진다는 걸 감안하면, 큐레이션의 개념과 가능성은 무궁무진하다고 볼 수 있다.

또한 소위 '정보제공자'들은 뉴미디어 진입 과정의 간소화와 함께 증가할 것이다. 그렇게 된다면, 정보를 걸러 새로운 의미를 더하는 큐레이션은 선택이 아니라 필수가 될 가능성이 매우 높다. 또한 수평사회에서 대중들은 의미 있는 정보를 지속적으로 요구할 것이며, 기업과 기관은 이에 응답해야 하는 의무를 수행할 것이다. 여기서 질문 하나를 던지겠다. 그러면 당신은 어떻게 해야겠는가? 답은 이 한마디로 정리된다.

"큐레이션은 미래의 필요충분조건이다."

모든 면에서 필요충분조건이 될 큐레이션을 보며 트렌드를 읽고, 제시한 여러 가지 방법을 통해 미래의 소통법을 대비하길 바란다.

PART 5

# 가치소비, 정서적 만족감을 노려라

# 미닝아웃? ESG? 그게 다 뭔데?

뉴스를 보면 너도나도 'ESG' 경영에 뛰어든다. 기업은 ESG 경영 보고서를 내고, 기관 역시 ESG에 박차를 가한다. 또 어느 쪽을 보니 '미닝아웃'을 한단다. 단어를 생각해 봤을 때 뭔가 외부로 보여주는 개념인 것 같긴 한데, 여러번 들어도 영 헷갈리는 말이다. 아마 대부분이 이런 느낌으로 ESG와 미닝아웃을 받아들이고 있을 것이다. 두 단어 모두 가치소비라는 거대한 범주 안에서 바라볼 수 있다.

먼저 ESG는 트렌드보다는 경영의 개념에 가깝기에, 가치소비를 말하는 부분을 중심으로 설명하고 한다. ESG의 개념 자체는 많이 들어왔을 것이다. 환경(Environment)의 E, 사회(Social)의 S, 지배구조(Governance)의 G를 뜻하는 말이다. 세 가지가 나타내는 기업의 비재무적 요소가 핵심이다. 분명 기업은 재무적 요소가 중요하다. 필연적으로 수익을 내야 살아남을 수 있으니, 당연히 매출이나 순이익 같은 지표들이 매우 중요할 수밖에 없다. 하지만 트렌드의 변화와 함께 기업이 어떤 역할을 하고 있는지에 대한 관심이 높아졌다. 기관 역시 마찬가지다. 단순히 민원인을 상대하고 정책을 수행하는 데 그치지 않고, 가치 있는 역할을 하고 있는지에 관한 궁금증들이 많아지기 시작했다. 그래서 ESG가 있다. 사회에 대한 책임, 수평적인 지배구조, 그리고 지속가능한 삶을 위한 환경이 주목받게 된 것이다. 하지만 외부로 드러나는 지배구조 말고는, 사회에 대한 책임이나 환경에 대한 실천은 사실 무형의 의미가 더 크다. 사회적인 가치에 공감하고, 장기적으로 후손들을 위해 더 나은 환경을 물려주는 건 숫자로 드러나는 성과라기보다는 가치에 가깝기 때문이다. 물론 이를 위한 실천의 움직임은 눈으로 볼 수 있다. 환경 보호를 위해 줄인 탄소의 양도 숫자로 나타낼 수 있다. 하지만 이보다 더 큰 브랜딩이라는 이미지는 눈으로 볼 수 없다. 그래서 가치에 대한 공감에 더 가깝다고 생각한다.

미닝아웃은 뜻을 드러낸다는 의미이다. 자신이 가지고 있는 신념이나 생각을 직접 말하거나, 소비와 같은 간접적인 행위로 드러낸다. 기업이나 기관이라면, 방향성을 통해 생각을 말한다. 많은 기업이나 기관이 실천적인 노력을 동원해 환경에 대한 관심을 드러낸다. 이는 친환경에 대한 생각을 드러내므로, 미닝아웃이라고 볼 수 있다. 마찬가지로 개인이 친환경 제품을 소비한다면, 이는 친환경에 대한 자신의 생각을 드러내는 것이니 미닝아웃에 해당한다. 하지만 예시에서처럼 꼭 환경에 대한 관심만이 미닝아웃의 범주에 들어가는 건 아니다. 무형의 가치에 공감이나 지지를 드러낸다면, 모두 미닝아웃이 될 수 있다. 따라서, 미닝아웃은 유형의 제품이나 서비스보다는 무형의 가치에 공감하는 행위이기 때문에 ESG와 마찬가지로 가치소비의 일종이라고 볼 수 있다.

자, 이렇게 두 가지 개념이 최근 트렌드에서 가치소비를 대표하는 개념이다. 지금부터는 가치소비에 대한 상세한 이야기로 들어가보도록 하자.

## 내 마음의 방향성, 나의 가치

가치소비의 대표적 개념으로 언급한 두 가지는 사회적 가치에 가깝다. 하지만 나의 가치도 그만큼 중요하다. 나의 가치란 자신이 중요하다고 생각하는 개념에 더 많은 관심을 기울이는 걸 말한다. 앞선 첫 번째 챕터에서 언급했던 미코노미를 떠올려보자. 모두 자신의 취향을 따라 소비에 대한 인식이 이뤄졌다. 마찬가지다. 나의 가치란, 스스로 가장 중요하다고 생각하는 것들이 소비로 드러난다. 과거에 비해 '나'라는 개념이 이미 적극적으로 발견된 트렌드이고, 굳이 나의 가치를 숨길 필요가 없어졌다.

'덕후'라는 단어를 들어봤을 것이다. 덕후란 일본어 오타쿠를 한국식으로 발음한 '오덕후'의 줄임말이다. 어떤 분야에 몰두해 전문가 이상의 열정과 흥미를 가지고 있는 사람 혹은 우리가 흔히 말하는 '마니아'를 가리키는 단어로 쓰인다. 이런 덕후들이 나의 가치를 적극적으로 추구하는 대표적 사례다. 과거에는 다소 부정적 시선도 있었지만, 이는 각자의 가치를 올바로 이해하지 못한 잘못된 개념에서 비롯되었다. 하지만 각자의 가치를 정확히 이해하는 지금의 트렌드 안에서, 덕후는 가치를 적극적으로 추구하는 열정적 소비자다. 그렇기 때문에 트렌드 측면에서 보면, 덕후를 기반으로 한 흐름도 존재하며, 이는 바로 팬슈머다. 팬슈머란 팬의 역할을 해주는 의미 있는 소비자를 말한다.

두꺼비 마니아들이 많이 보인다(출처: 하이트진로).

팬슈머를 활용하는 대표적 트렌드가 바로 굿즈다. 하이트진로의 두꺼비 소주 디스팬서는 그야말로 선풍적 인기를 끌었다. 이어 캐릭터를 활용한 아이템 펀딩은 계속 이뤄졌고, 5억과 10억 등 그야말로 "억소리" 나는 펀딩 금액이 계속해서 나타났다. 이런 흐름을 뒷받침하는 건 역시 든든한 팬슈머의 존재였다. 두꺼비에 열광하는 팬층이 그만큼 많았고, 제품이 펀딩을 시도할 때마다 반응으로 응답하며 하이트진로를 웃게 만들었다. 팬슈머들은 굿즈를 사는 것에서 그치지 않고, 각종 인증이나 콘텐츠로 2차적 바이럴 효과를 만들어내곤 한다. 또한 커뮤니티에서 이야기 재료로 굿즈를 제공하며, 이슈의 진원지 역할을 스스로 창조하기도 한다. 즉, 각자의 가치로 시작된 행동이 마케팅까지 영향을 준다는 뜻이다. 따라서 나의 가치로 상징되는 팬슈머는 반드시 잡아야 할 대상이며, 앞으로의 트렌드를 볼 때도 가치소비의 한 단면으로 확실한 역할을 수행하게 될 것이다. 꾸준한 라포르(상호신뢰)를 형성하며 이미지를 만들어 나가고, 이 과정을 통해 팬을 만들어 나가야 한다. 마치 엔터테인먼트사가 한 팀의 아이돌 그룹을 만들어 나가듯, 해당 과정을 벤치마킹하려는 노력도 필요할 것이다.

# 소비 편견의 붕괴, 한정적 가치

한정적 가치는 가치소비의 또 다른 단면 중 하나다. 나는 이걸 '소비 편견의 붕괴'라고 말한다. 리셀(resell) 시장이 말하는 트렌드가 바로 여기에 숨어있기도 하다. 한정적 가치는 사실 매우 주관적이다. 똑같은 대상을 놓고도 관심 있는 사람과 없는 사람의 반응 차이가 클 수 있기 때문이다. 누군가에게는 가치 있지만, 또 다른 누군가에게는 가치가 없을 수도 있다. 그래서 한정적 가치는 주관적인 상황이며, 오히려 이게 미코노미 트렌드가 이끌어가는 현시대에는 더 어울린다. 미코노미의 핵심이 각자의 기준이고, 한정적 가치 역시 마찬가지이기 때문이다.

따라서 이를 '소비 편견의 붕괴'라고 말하는 것이다. 누군가는 타인의 기준에 대해 편견을 가지고 있을 수 있다. 굳이 예를 들어, A라는 사람이 운동화 수집에 열일 올린다고 가정해보자. 그러나 B라는 사람은 업무상 구두를 신을 일이 많아 운동화에 관심이 없다. 그렇다면 B는 A의 운동화 지출에 대해 이해하지 못할 것이고, 이는 편견으로 작용할 가능성이 높다. 적어도 과거에는 그랬다. 각자의 기준보다는 사회 통념상 기준이 더 중요했기 때문에, 자신이 직업 벌어 쓰는 돈 조차도 눈치를 봐야하는 상황들이 존재했다. 하지만 지금은 다르다. 편견은 이미 사라진지 오래고, 각자 알아서 소비하는 가치 기준이 생겼다. 이 트렌드의 대표가 바로 한정적 가치가 아닌가 싶다.

한정적 가치가 급부상한 배경에는 몇 가지 특성이 존재하는데, 두 가지로 정리하자면 다음과 같다. 첫 번째는 SNS와의 연관성이다. 만약 당신이 SNS를 열심히 운영하는 사람이라면, 일반 제품과 한정판 제품을 만났을 때, 한쪽을 인증해야 한다면 어느 제품을 택하겠는가? 아마 대부분이 한정판 제품을 택할 것이다. SNS에서 반응을 얻을 가능성이 일반 제품보다 높기 때문이다. 우리는 기왕이면 SNS에서 반응을 얻고 싶어 한다. SNS에서 반응이란, 단순히 좋아요가 아니라 마치 현실 사회생활에서 행하는 상호작용과도 같기 때문이다. SNS를 부정적으로 바라보는 시선은 좋아요에 대한 집착을 가장 많이 말하곤 한다. 하지만 좋아요를 반응으로 보는 판단 자체를 부정적으로 보는 건 잘못되었다고 본다. 현실에서 타인과 소통할 때도 자신의 이야기에 귀 기울여주고, 반응해주는 사람은 매우 고마운 존재 아닌가? 반응이 있어야 더 신나서 많은 이야기들을 할 수 있는거 아닌가? SNS의 좋아요도 마찬가지라고 생각한다. 따라서 SNS를 위해 우리는 조금 더 반응이 있을만한 소재를 찾아야 하고, 한정적 가치는 좋은 해답이 되는 것이다.

또 다른 사항은 수집욕이다. 대중들은 누구나 소비로 인해 무언가 의미 있는 결과가 생기길 바란다. 특히, SNS를 통해 소통하며 인싸력에 주목하는 지금은 더 그렇다. 같은 돈을 써도 타인보다 더 의미있는 결과를 손에 쥘 수 있길 바라는 것이다. 또는, 유형 혹은 무형의 만족감으로 소비가 의미있게 다가와야 한다. 이런 만족감을 위해 수집에 열을 올리게 된다. 굿즈나 한정판, 혹은 기타 소비를 통해 얻을 수 있는 결과물들을 끊임없이 수집한다. 현실에서 벌이는 수집 행위는 온라인에서도 마찬가지다. 메타버스 공간에서 얻을 수 있는 디지털 수집물에 접근하며, NFT 같은 한정적 소유물에도 열광한다. 자신이 좋아하는 주제의 수집물을 얻어도 충분히 기분 좋은 상황에, 이게 만약 한정적 가치까지 가진다면 어떤가? 당연히 심리적 만족감은 더 상승하게 된다.

코카콜라 같은 글로벌 기업도 한정적 가치에 적응한다(출처: 코카콜라).

소위 '리미티드 에디션(limited edition)'으로 표현되는 한정적 가치의 반영은 다양하게 이뤄지고 있다. 코카콜라와 같은 글로벌 기업도 한정판을 꾸준히 출시하며 대중들의 가치소비와 수집욕구를 자극하고 있다. 코카콜라만의 이야기는 물론 아니다. 이외에도 많은 사례들로 알 수 있듯이, 한정적 가치는 가치소비의 범주 안에서 가장 주목받는 개념 중 하나다.

그렇다고 해서 무조건적으로 한정판을 세상에 내놓으라는 뜻은 아니다. 한정적 가치가 충분히 인정받을 수 있는 존재감을 형성하는 게 최우선이며, 다양한 콜라보나 협업을 통해 소장하고 싶을 만한 존재들을 선보일 필요가 있다. 또한 SNS상에서 대중들이 가장 많이 언급하고 있는 소재가 무엇인지 고민하고, 이를 바탕으로 결론을 만들어 가야 실패하지 않는 한정적 가치 반영이 가능할 것으로 판단한다.

# 가치 있는 존재로 인정받는 법, 사회적 가치

가치소비의 마지막 단면은 역시 사회적 가치다. ESG와 미닝아웃으로 사회적 가치가 모두 커버되는 건 아니다. 따라서 좀 더 심화적인 내용으로 사회적 가치를 알아보도록 한다.

일단 가치소비에서 사회적 가치가 외부로 가장 많이 알려지게 된 이유는 도대체 무엇일까? 사실 생각보다 간단하다. 이 시대의 자아들이 가치 있는 존재로 인정받는 가장 트렌디한 방법이기 때문이다. 사회적으로 가치 있는 존재가 되는 방법은 여러 가지가 있지만, 대표적으로는 자신이 사회에 기여하고 있다는 소속감을 느낄 수 있어야 한다. 그래야 자신의 역할을 스스로 인지할 수 있기 때문이다. 그런데 문제는 팬데믹이 이 중요한 방식을 한동안 앗아가 버렸다는 것이다. 온, 오프라인으로 모두 자신의 존재감을 느낄 수 있지만, 장소를 막론하고 이런 기회 자체가 크게 감소했다. 실시간 쌍방향 소통을 의미하는 온택트 등 다양한 대체 방식들이 등장하고, 메타버스라는 현실과 연결된 플랫폼도 나타났다. 그럼에도 불구하고, 과거보다 모임이나 행사 자체가 줄어드는 상황에서 완벽한 보완이 되지 못했다. 따라서 인정받기 위한 노력을 할 공간과 대상 자체가 사라진 상황을 마주해야 했다. 스스로 사회의 구성원들 속에서 느껴야 할 필수적인 존재감이 결여된 것이다. 그래서 스스로 사회에 기여하고 있다는 뿌듯함을 다시 느낄 수 있는 해결책을 끊임없이 찾았다. 그러다 발견한 게 바로 가치소비, 그 중에서도 사회적 가치다.

사회적 가치 중 대표적으로 평가받는 친환경을 보자. 환경에 대해 관심을 가지고 실천하는 기업이 많아지고 있고, 이들은 저마다 각자의 방식으로 친환경을 실천한다. 생산을 위한 재료를 바꾸기도 하고, 폐기물을 절감하기도 한다. 연료를 교체하기도 하고, 심지어는 친환경 기업에 투자를 늘리는 방식으로 관심을 드러내기도 한다. 이런 기업의 제품을 소비하면 어떨까? 또 이런 기업의 서비스를 직접 경험하면 어떨까? 자신의 소비가 이 기업의 친환경 활동을 촉진할 것이고, 궁극적으로 소비를 진행한 '나'는 환경에 기여한 사람이 되는 것이다. 작지만, 상당히 크게 다가오는 이 행복감에 많은 사람들이 공감을 표했다. 물론, 오늘의 내가 진행한 친환경 기업을 위한 소비가 당장 큰 효과를 발휘하진 못할 수도 있다. 하지만 이런 노력이 쌓이고 쌓여 변화를 이끄는 것 아니겠는가? 친환경 기업을 위해 소비한 나는 이 거대한 발걸음의 시작을 지원하고, 심화를 진행하는 사회적 존재가 된 것이다.

또 다른 측면은 정서적 만족감의 확대다. 앞서 잠깐 지적했지만, 정서적 만족감은 매우 주관적이다. 그래서 미코노미의 시대에도 어울린다. 즉, 매우 트렌디한 개념이라는 것이다. 한정판에서도 정서적 만족감이 뒤따랐지만, 사회적 가치면에서도 정서적 만족감은 매우 크다. 자신의 사회적 존재감을 인정받고, 가치 있는 곳에 돈을 썼다는 뿌듯함이 있기 때문이다. 가치 소비는 이런 정서적 만족감의 높아진 존재감을 상징하며, 사회적 가치는 매우 대표적인 사례라고 볼 수 있다. 결국은 소비에서 '나'라는 존재를 발견하며, 각자가 생각할 수 있는 만족감에 주목하기 시작하며 이런 추세가 나왔다고 봐야 한다. 과거에는 가시적 즐거움에 집중했다. 만약 내가 1만 원을 들고 시장에 나서 1만 원짜리 제품이나 서비스를 구매했다면, 일단 기본적으로 만족할 수 있었다. 물론 1만 원의 가치보다 더 큰 제품을 구매했다면, 만족감이 더 클 수도 있었을 것이다. 이렇게 가치가 주는 가시적인 만족감에 집중한 건, 가치조차도 어떤 집단적인 기준이 있었기 때문이다. "이 정도면 괜찮다"는 암묵적인 기준이 있었고, 이에 따라 소비가 이뤄지는 경향이 짙었다. 그러나 지금은 어떤가? 어떤 사람은 1만 원을 들고 나가 5천 원에 해당하는 제품을 1만 원에 구매해도 만족한다. 만약 5천 원에 해당하는 제품이 자신이 정말 원했던 것이거나, 또는 한정판이라면 말이다. 각자 다른 가치 기준에 따라 소비하기 때문에 천편일률적인 기준을 둘 수 없고, 결국 소비의 만족을 끌어내는 또 다른 측면인 정서적 가치에 집중하게 된 것이다. 정서적 가치 역시 기준을 만들 순 없지만, 적어도 각자의 소비 만족도를 끌어올리는 첨병 역할을 하니 말이다. 이런 경향은 시간이 갈수록 더 짙어질 것이라고 생각한다. 미코노미가 이미 말하고 있듯이, 이제 트렌드를 이끌어가는 개인들은 각자의 생각대로 소비하고 느낄 것이다. 1인 가구가 늘어나는 만큼 스스로의 기준에 집중하는 시간도 늘어날 것이며, 기성세대도 자신의 소비 만족도를 끌어올리는 방식을 이미 경험하고 배웠다. 심지어 일상에서 매일 같이 이 방식을 실천하며 행복감을 느끼고 있다. 그러니 앞으로 각자 다른 정서적 가치의 스펙트럼은 다변화될 것이고, 그러니 가치소비에 대한 반영은 더 집중적으로 이뤄져야 한다는 것이다. 가시적 즐거움에만 집중하는 상품과 서비스는 토대가 될 것이며, 각기 다른 대중의 마음을 읽는 기업과 기관은 트렌드를 선도하게 될 가능성이 높다. 따라서 사회적 가치가 말하고 있는 가치소비를 단순히 '친환경'이라는 단어로 정의하지 말고, 이 단어가 등장하게 된 원인부터 의미까지 모든 요소를 면밀히 검토해야 할 것이다.

이 설명을 위한 기가 막힌 사례가 하나 있다. 바로 곰표의 '플로깅

쓰레기도 줍고, 굿즈도 득템하고! (출처: 대한제분)

(plogging) 하우스'이다. 플로깅은 쓰레기를 줍는 일을 뜻한다. 직역하면 '쓰레기를 줍는 집' 정도가 될 것이다. 이 이벤트는 등산을 하며 쓰레기를 줍고, 이 활동에 참여한 대중들에게 곰표 한정판 굿즈를 제공하는 방식으로 운영된 팝업스토어다. 대한제분은 당시 해발 300m인 소래산 정상에

플로깅 하우스를 열었다. 흥미로운 건 이 캠페인을 대대적으로 알릴 계획이 없었는데, 대중들에 의해서 외부로 알려졌다는 점이다. 가치소비의 모든 측면을 반영했다는 점이 매우 특별하게 다가온다. 플로깅은 가치소비에서 '사회적 가치'에 해당한다. 굿즈는 '한정적 가치'에 해당하며, 곰표 굿즈를 가지고 싶다는 생각은 '나의 가치'에 해당한다. 내가 설명한 가치소비의 모든 측면을 한 번에 해결한 것이다. 대한제분은 크게 알리려 하지 않았다지만, 해당 팝업스토어를 만난 대중들은 이 트렌디한 방식을 그냥 두지 않았다. SNS를 통해 각종 인증이 이어지며 의미있는 이벤트라는 평가가 이어졌다. 트렌디한 적응은 이렇듯, 기업의 이미지 자체를 형성하는 좋은 기회를 가져오기도 한다. 그러니 눈을 크게 뜨고, 트렌드에 대한 고민과 적응을 해 나가야 한다. 단, 사회적 가치를 담기만 하면 무조건 호응할 것이라는 착각은 금물이다. 대중들에게 이해할 수 있도록 설명하고, 설명을 뒷받침 할 수 있는 소재가 없다면 아무런 의미가 없다. 트렌드 적응도 노력이 필요하다는 걸 염두에 두어야 할 것이다.

# 가치의 다변화, 새로운 공감대 찾기

가치소비는 분명 매력적인 트렌드로, 앞으로 더 커질 가능성도 매우 높다. 그러니 포지셔닝을 통해 트렌드를 선점하는 건 아주 중요한 과제라고 볼 수 있다. 단, 무조건적인 반영은 당연히 필패를 부를 것이다. 따라서 트렌드 측면에서 꼭 기억해야 할 두 가지 사항을 알아보도록 하자.

첫 번째는 새로운 공감대를 찾으라는 것이다. 우리는 주변에서 생각보다 많은 가치관들을 만난다. 사회적 약자에 대한 관심도 가치고, 우리가 꼭 실천해야 하는 에티켓도 가치다. 지금의 트렌드를 다원화된 사회라고 한다. 다원화라는 건 그만큼 많은 생각이 공유된다는 뜻이고, 미코노미와도 본질이 같다. 그러니 기존의 공감대를 뛰어넘는 새로운 가치들을 발굴해 낼 필요가 있다. 물론, 가치라는 건 매우 중요한 개념이기에 세일즈의 차원에서 발굴 해놓고 보자는 뜻이 아니라, 기업이나 기관의 장기적 실천 목표로 두고, 적극적인 소통을 벌이는 재료로 활용하라는 것이다.

장기적 관점에서 봤을 때, 지금의 우리가 논하는 친환경은 기본적 목표가 될 가능성이 높다. 그럴 수밖에 없을 것이, 기후 위기는 외면하기 어려운 수준이고, 기업과 기관은 친환경을 기본적 목표로 설정하고 숨 쉬는 것처럼 자연스럽게 실천해야 할 것이다. 그러니 가까운 미래에 이미 친환경은 가치가 아니라 생활이 되어 있을 가능성이 높다. 그래서 새로운 가치를 발굴하고, 이에 대한 공감대를 꾸준히 만들어가야 한다는 것이다.

우리는 모두 시도하며 산다(출처: LG).

LG에서 만들어 좋은 조회수를 기록했던 'LG시도쏭'을 보자. 핵심은 구성원들이 각자 자신의 자리에서 끊임없이 새로운 시도를 하고, 이런 시도들이 모여 모두에게 가치 있는 미래가 만들어진다는 의미를 담았다. 실제 LG의 구성원들이 뮤직비디오에 나와 의미를 더했고, 중독성 강한 멜로디와 신나는 춤이 돋보인다. 중요한 건 이 노래가 담은 가치다. 이미 미닝아웃이나 ESG에 많은 관심을 보인 LG는 이 프로모션을 통해 구성원들의 소중한 존재감에 대한 가치를 드러낸다. 누구나 혼자 모든 일을 해낼 수는 없고, LG같은 큰 조직이라면 더 그럴 것이다. 그러니 구성원에 대한 존중을 드러내고, 각자의 가치를 인정한다는 걸 이런 프로젝트를 통해 메시지로 드러냈다. 앞서 지적했지만, 기업이나 기관이 말할 수 있는 가치는 생각보다 훨씬 더 다양하다. LG의 사례처럼 다양한 방식으로 고민하고, 다양한 느낌으로 표출할 필요가 있다.

세계 시민의 존재감을 드러내는 것 역시 가치소비다(출처: 위메프).

위메프는 위메이크잇(WE MAKE IT)이라는 소셜 밸류 캠페인을 하고 있다. 제로웨이스트와 소셜 임팩트 관련 상품을 창작자들과 협업해 선보이고, 고객에게 가치 소비를 제안하고자 기획된 캠페인이다. 이 캠페인을 통해 위메프는 다양한 가치를 드러내고 있는데, 공정무역 브랜드와의 협업은 좋은 결과를 가져왔다. 위메프와 협업을 진행한 브랜드는 사람이 중심이 되는 무역을 통해 지속 가능한 삶을 확산시키는 것을 목표로 공정무역 상품을 판매하는 곳이다. 이와 함께 위메프는 현지 공정무역 회사와 생산자, 노동자의 인터뷰를 담은 브랜드 영상 콘텐츠 제작을 지원하며 캠페인의 의미를 극대화하기도 했다. 공정무역은 환경에 대한 관심도 들어있지만, 세계 시민의 존재감을 드러내는데도 부족함이 없다. 따라서 가치의 다변화라는 목표에 정확히 부합한다.

실천하기 어려운 가치를 억지로 지향할 필요는 없다. 하지만 실천할 수 있는 범위 내에서 다양한 가치를 고려하고, 끊임없는 공감대를 형성해 나가는 게 가치소비에 적응하는 가장 '인싸'다운 방식이라는 걸 기억하자.

# 가치소비 = 브랜딩

우리는 늘 브랜딩이라는 단어를 참 어렵게 생각해왔다. 하지만 가치소비와 함께라면, 브랜딩을 조금 편하게 바라볼 수 있다. 브랜딩을 처음부터 끝까지 설명하기 위해서는 단순한 트렌드가 아니라 마케팅이나 경영 기법의 관심에서 바라봐야 할 것이다. 하지만 복잡한 과정을 단순화하는 지금의 트렌드에서, 굳이 브랜딩을 복잡하게 생각해야 하나 싶다. 그래서 나는 브랜딩을 이렇게 정의하고자 한다.

"대중이 기업이나 기관을 접했을 때, 이미 인지했거나 혹은 인지하게 되는 이미지."

물론 이 정의는 브랜딩의 한 부분밖에는 설명하지 못한다. 그러나 브랜딩이라는 심오한 개념을 뉴미디어에 맞게 가장 편하게 표현할 수 있는 한 마디라고 확신한다. 보통은 포지셔닝 등의 다양한 개념을 통해 브랜딩을 진행하게 된다. 아주 좋은 방법이며, 포지셔닝 없는 브랜딩은 존재하지 않을 것이다. 하지만 뉴미디어는 굉장히 빠르게 쓸려나간다. 오늘의 인기 콘텐츠에게 내일은 없다. 내일은 또 다른 인기 콘텐츠가 오늘의 콘텐츠를 대체하니 말이다. 이런 상황 속에서 브랜딩을 복잡하게 바라본다면, 기업이나 기관은 시도조차 하지 못하고 수많은 타임라인을 흘려보내게 될 것이다. 어쩌면 그래서 가치소비가 있는지도 모르겠다. 이 뉴미디어의 특성을 어느 정도 보완하라고 존재하는 개념이 아닐까 싶기도 하다.

예를 들어, A라는 기업이 친환경에 집중한다고 가정하자. 이 기업이 제품이나 캠페인을 통해 꾸준히 친환경에 대한 실천을 드러낸다면, 대중들은 어떤 생각을 하게 되겠는가? A는 친환경에 신경 쓰는 기업이라는 이미지를 형성하게 될 것이다. 이 자체가 브랜딩이다. 브랜딩이란 이미지다. 이 이미지는 눈으로 확인하기 어렵다. 무형의 가치이고, 누군가의 머릿속에 존재하는 것이기 때문이다. 가치소비 트렌드에 대한 적응은 이미지 형성 과정을 뒷받침한다. 적절한 상태로 대중들에게 인지만 될 수 있다면, 충분히 긍정적 이미지 형성이 가능해진다. 그래서 나는 가치소비 트렌드에 적응하는 과정 자체가 브랜딩을 향한 여정이라는 사실을 강조하고 싶다. 어떤 기업과 기관도 철학이 없는 곳은 없다. 이 철학은 기업과 기관이 이어지는 이상 반드시 남아있어야 하는 것이다. 하지만 역으로 생각해보면, 그렇게 오래 이어가는 것이라 트렌드한 마케팅 방식으로 쓰긴 쉽지 않다. 그러니 가치소비에 좀 더 집중해야 하는 것이다. 가치소비로 만들어가는 브랜딩 역시 하루아침에 이뤄지진 않는다. 하지만 철학보다는 조금 더 편하게 대중들에게 다가갈 수 있으며, 실천 방안을 만들어 내기도 쉬운 편이다. 뉴미디어 세상은 너무나도 빨리 돌아간다. 철학은 쓸려나가기 쉽고, 대중들 눈에 띄기 어려울 수도 있다. 이를 보완하는 게 바로 가치소비에 대한 적응이 된다. 즉, 철학과 가치를 함께 가져간다고 생각하면 좋을 것이다.

오뚜기는 참치 없는 참치를 도대체 왜 만든 걸까? (출처: 오뚜기)

참치 없는 참치가 있다. 도대체 무슨 말인가 싶을 수도 있지만, 정말로 참치 없는 참치가 존재한다. 오뚜기는 사내 스타트업인 언피스크(UNFISK109)와 협업을 진행했다. 대두단백을 가공하고, 기름을 카놀라유로 바꾸는 등 100% 식물성 성분을 사용해 동물성 원료를 일체 사용하지 않아도 참치의 맛과 식감을 그대로 구현한 제품을 내놓은 것이다. 대체육을 처음 접했던 그때의 기억을 생각하면, 처음에는 어리둥절할 수도 있을 것이다. 하지만 가까운 미래에는 이런 제품들이 기준이 될 수도 있을 것 아니겠는가? 오뚜기는 이 제품을 통해서 가치소비에 대한 관심을 매우 적극적으로 드러냈다. 동물성 재료의 활용을 줄이는 건 곧 탄소 저감과 연관되기 때문이다. 제품에 대한 선호도는 사실 각자의 기준에 달린 문제라 내가 판단하기 어렵다. 하지만 식물성 참치 출시를 지켜본 대중들은 최소한 오뚜기가 환경에 대해 관심을 가지고 여러 가지 시도를 하는 기업이라는 사실을 인지하게 될 것이다. 혹은 환경에 대한 관심을 바탕으로 대중들에게 새로운 맛의 경험을 선사하는 회사라는 생각을 하게 될 수도 있다. 방향성은 개인마다 다르겠지만, 적어도 이 시도가 어떤 이미지를 형성할 것이라는 건 분명하다. 노력이나 실천이 이어진다면, 식물성 참치로 형성된 이미지 역시 더 단단해질 것이다. 오뚜기 역시 창업 철학이 있는 기업이고, 동시에 철학만으로는 부족하는 것을 인지하고 있는 것이다. 이미 철학에 대한 추구는 오랜 시간 동안 진행해 왔고, 트렌디한 방식으로 더 많은 긍정적 이미지를 창출해야 한다는 걸 내부적으로 알고 있는 게 아닌가 싶다. 가치소비에 대한 적응은 이런 고민을 해결해 나가는 열쇠가 되었다.

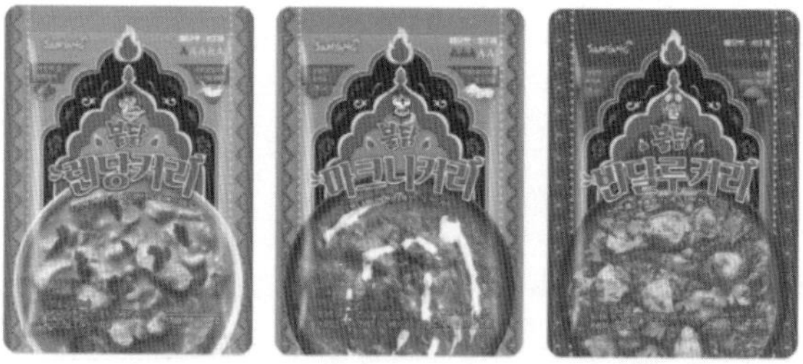

불닭의 활약은 가치 브랜딩으로 이어지고 있다(출처: 삼양식품).

붉닭의 사례도 함께 보자. 삼양식품의 붉닭볶음면은 스테디셀러 제품이다. 다양한 라인업과 함께 캐릭터인 '호치' 활용까지 더하며 트렌드를 적극적으로 반영하고 있다. 제품 라인업 확대는 단순 붉닭볶음면의 맛뿐만 아니라 타 제품군으로도 이어지고 있는데, 붉닭커리는 그런 확대 작업의 일부였다. 흥미로운 건, 제품 패키지 상단에 매운 맛 정도를 표기해 취향에 맞는 맵기의 제품을 고를 수 있도록 했다는 것이다. 매운 음식을 잘 먹지 못하는 사람부터 매운 맛에 열광하는 마니아층까지 맵기를 보고 알

맞은 제품을 고를 수 있는 기회가 생겼다. 여러모로 긍정적인 상황인 것이다. 이 사례가 왜 가치소비에 나온 건지 궁금할 텐데, 가치의 다변화라는 목표를 고려하면 답이 나온다. 맵기를 고를 수 있도록 해 대중들의 취향과 편의를 고려한 모습을 보여줬다. 대중의 취향과 편의는 무형의 가치다. 대중 친화적인 선택도 가치소비 트렌드를 반영하는 하나의 해답일 수 있다는 것이다. 무조건적으로 대중들의 이야기만 많이 듣는 건 대중 친화적인 방향성이 아니다. 대중의 생각과 취향을 반영할 수 있어야 진짜 대중을 위한 방향이라는 걸 기억해두자. 작지만 확실한 변화가 가치 브랜딩에 기여했고, 대중들은 붉닭을 바라보며 취향이나 상황에 대해 고려하는 제품이라는 인식을 하게 될 것이다. 트렌디한 브랜딩이 가치 소비에 대한 반영으로 완성되어 나갈 것이라는 기대를 하게 만드는 좋은 사례다.

# 지나치게 주관적? 사실 그게 답이다

가치소비는 앞으로도 더 힘을 확장해 나갈 것이다. 각자의 생각들이 발견되며 반영될 것이고, 사회를 형성하는 다양한 가치들도 속속 모습을 더 드러낼 것이다. 이를 브랜딩 과정에 활용하는 기업이나 기관은 더 늘어날 것이기 때문에, 흥미로운 사례 역시 추가될 가능성이 높다. 하지만 이런 생각이 들 수도 있겠다.

"가치라는 단어 자체가 너무 주관적인 거 아닐까?"

맞는 말이다. 나 역시 가치소비 트렌드의 가장 큰 단점 중 하나가 바로 주관성이라고 생각한다. 주관적이니 결과를 예측하기 어렵고, 주관적이니 모두에게 다른 느낌으로 다가갈 수밖에 없다는 것이다. 그러나 오히려 그래서 가치소비보다 확실한 해답일 수 있다. 이미 미코노미의 트렌드는 열렸다. 사회의 변화와 함께 미코노미는 거대한 개념이 될 것이다. 이제 모두에게 같은 감정을 주긴 어렵다. 각자의 기준과 생각으로 모든 걸 바라보는 이상, 오히려 다르게 다가갈 수 있는 가능성을 열어놓는 게 결과의 측면에서 다양성을 보장할 수 있다. 그러니 주관적이라는 단어를 꼭 예측 불가능한 의미로 해석할 필요는 없을 것이다. 우리가 생각조차 못한 새로운 가능성을 발견하는 계기가 될 수도 있기 때문이다.

가치소비라는 단어가 가진 무궁무진한 가능성에 주목하기 바란다. 주관성을 고려해 어느 정도 예측 가능한 부분들을 만들어 놓는 것 좋지만, 대중들의 마음에 맡길 부분은 과감히 던지라는 것이다. 결과에 해당하는 대중들의 마음까지 예측하고 통제하는 시대는 이미 끝났다. 미코노미와 연계해 가치소비가 가진 가능성을 더 크게 바라보길 바란다.

PART 6

# 합리적 프리미엄, 나를 위한 작은 사치

# 프리미엄은 꼭 명품일까?

프리미엄이라는 단어를 떠올려보자. 머릿속에 그려지는 이미지가 어떤가? 보통은 고급스럽고, 고가의 제품들을 먼저 생각할 것이다. 나 역시 그랬다. 프리미엄이라는 단어는 무언가 선택받은 사람들을 위한 개념인 것처럼 느껴졌다. 어쩌면 일상생활과 살짝 동떨어진 이미지였는지도 모른다. 마치 명품처럼 말이다. 미디어에서 명품에 대한 언급이 많아지면서 명품을 소유하고 싶어하는 사람들이 많다. 하지만, 상대적으로 마음먹고 여러 계획을 세운 후에 가질 수 있다. 이렇듯 프리미엄은 마치 명품과도 같은 개념으로 인식되어 왔다.

하지만 지금의 트렌드를 보면, 프리미엄은 상당히 대중화된 개념이 되었다. 그래서 나는 '합리적 프리미엄'이라고 말하고 싶다. 합리적 수준에서 프리미엄을 추구한다는 뜻이다. 이 파트의 제목이 '나를 위한 작은 사치'이다. 과거에는 스스로 사치라고 느꼈을 정도로 고가의 제품이나 서비스가 동원되었겠지만, 지금은 그야말로 작은 개념들이 우리의 일상을 지배하고 있다. 그래서 사치라는 단어는 어울리지 않는 시점이 되었다. 지금은 합리적 프리미엄의 트렌드다.

쉽게 생각해도 좋다. 나는 아이스크림을 좋아한다. 보통은 아이스크림 할인점에 가서 원하는 아이스크림을 사오곤 한다. 하지만 가끔은 값비싼 아이스크림이 먹고 싶다. 편의점에 가면 무려 개별 냉동고에 정리되어 있는 하겐다즈, 나뚜루, 벤앤제리스 같은 제품들 말이다. 그런 날은 아이스크림 할인점 대신 편의점에 들러 비싼 아이스크림을 사오곤 한다. 이런 행동이 바로 합리적 프리미엄이다. 보통의 HMR(가정간편식)을 먹다가 RMR(레스토랑 간편식)을 먹는다. 할인하는 생활용품을 쓰다가 유기농 소재 등 좀 더 비싼 생활용품을 구매한다. 보급형 스마트폰을 쓰다가 좀 더 성능이 좋은 프리미엄급 스마트폰을 산다. 이런 모든 행동들이 합리적 프리미엄의 사례다.

이 사례들을 보면 알겠지만, 합리적 프리미엄은 우리 생활 가까이에 있다. 반드시 백화점 명품관에 가야만 접할 수 있는 개념이 아니라, 어디에서라도 실행이 가능하다. 맘먹고 큰 비용을 준비해야 할 필요도 없다. 적당 수준에서 소비 여력만 있다면 가능하다. 그래서 점차 대중적인 개념으로 변했다. 저 먼 곳에 존재하는 프리미엄의 가치를 잡기 위해 손을 뻗기 보단, 일상에서 좀 더 나은 것들을 소비하는 추세로 바뀌어간다. 이게 바로 합리적 프리미엄의 개념이며, 프리미엄은 곧 명품이라는 인식을 이제는 버려야 할 시기가 왔다.

# 플렉스 아닌 나심비, 나의 심리적 만족 비율

이런 변화에는 많은 원인이 있겠지만, 대표적으로 두 가지를 알아보기로 한다. 첫 번째는 '나심비'의 급부상이다. 나심비란 나의 심리적 만족 비율을 뜻한다. 대부분이 잘못 알고 있는게, 나심비를 플렉스(flex)와 연관해서 이해한다는 것이다. 자신의 심리적 만족 비율과 연관되니, 당연히 재력을 과시하는 소비인 플렉스와 연관성이 있는 게 아니냐는 것이다. 그러다 보니 오르락내리락의 변화가 있는 경제 상황에서 사용 가능한 돈이 줄어드는 내리막의 시간을 설명하기엔 부족하다는 지적이었다. 결론부터 말하면 이런 방식의 이해는 완전히 잘못됐다. 나심비는 경제 상황이 좋을 때와 나쁠 때 모두 적용 가능한 개념이다. 나의 심리적 만족 비율이라는 설명 자체에 주목하자. 비용과는 상관없이 스스로 심리적 만족감이 채워지는 부분을 추구한다는 뜻이다. 즉, 각자의 기준에 따라 달라지는 개념이기 때문에 비용을 많이 지출하는 상황만 의미하는 게 아니다. A라는 사람이 경제적인 한 끼에 주목한다고 가정해보자. A는 기대하는 지출 비용으로 6천 원을 생각했고, 이 가격에 한 끼를 해결했다. 그렇다면 A는 충분히 경제적인 목표를 달성했기 때문에 심리적 만족감이 높을 수 있다. 하지만 B라는 사람은 근사한 한 끼에 주목했다. 비용이 많이 들더라도 근사한 식사를 하고 싶은 마음으로 10만 원을 지출하고 한 끼를 먹었다. 이 경우 B는 자신의 목표와 일치하는 소비를 했기 때문에 역시 심리적 만족감이 높을 수 있다. 예시에서 A와 B가 쓴 비용의 차이는 무려 9만 4천 원이다. 하지만 둘 다 심리적 만족감은 챙겼다. 예시에서 알 수 있겠지만, 나심비는 무조건 돈을 많이 지출하는 상황에서 나오는 개념이 아니다. 각자가 설정한 소비 목표에 따라 바뀌는 것이며, 비용과 연관된 개념 자체가 아니라는 것이다. 따라서 경제 상황에 상관없이, 나심비는 트렌드를 이야기 할 수 있는 가장 확실한 개념 중 하나다.

자, 이런 이유 때문에 나심비가 합리적 프리미엄과 연관이 생기는 것이다. 플렉스를 프리미엄을 향한 강렬한 소비로 바라봤던 과거라면, 합리적 프리미엄은 다소 설명하기가 어렵다. 하지만 나심비는 비용과 관계 없이 심리적 만족을 따지는 개념이라, 합리적 프리미엄의 트렌드를 이야기할 수 있다. 심리적 만족이 중요한 소비 기준으로 떠오르면서, 스스로 추구하는 소비 만족을 위해 조금 더 나은 선택지를 고를 수도 있다는 것이다. 기존의 소비에서 만족을 찾는 것도 물론 가능하지만 조금 더 나은 선택지를 통해 심리적인 만족감을 끌어올리는 것도 또 다른 한 가지 방향성으로 등장한 것이다. 즉, 나심비의 다양한 측면 중 일부가 합리적 프리미엄에 영향을 미쳤다는 게 나의 관점이다. 굳이 무리할 필요도 없고, 또 앞뒤 생각하지 않고 지를 필요도 없다. 자신의 심리적 만족감을 판단해 적당히 소비하면 그만이다. 자신의 심리적 만족감을 끌어올려 줄 대상에 돈을 쓰면 그만이다. 이런 나심비를 상징하는 행동들이 합리적 프리미엄에 영향을 미쳤고, 하나의 트렌드가 되었다. 경기가 안 좋아지는 상황이라면, 제한적 범위내에서 좀 더 나은 소비를 추구할 수도 있다. 소비의 양상은 많아지겠지만, 나심비가 가진 핵심적 의미는 흔들리지 않는다. 따라서 합리적 프리미엄 역시 추구 방식이 조금씩 변할 뿐, 경제 상황에 맞춰 적응할 것이라고 본다.

프리미엄 아이스크림에 대한 접근은 나만의 이야기는 아니다(출처: 하겐다즈).

프리미엄 아이스크림에 대한 관심이 나만의 이야기는 아니었던 것 같다. 하겐다즈는 합리적 프리미엄 트렌드를 타고 각종 할인 행사 및 신제품 출시에 집중했다. 실제로 편의점에서는 같은 기간을 두고 일반 아이스크림과 프리미엄 아이스크림 매출을 비교해보면, 프리미엄 아이스크림이 훨씬 더 높은 상승세를 기록했다는 통계가 여럿 나왔다. 물론 이 통계는 허와 실이 있기 마련이다. 과거에 프리미엄 아이스크림이 많이 팔리지 않아서 상대적으로 도드라져 보일 가능성도 물론 있다. 하지만 대중들의 접근 자체가 달라지고 있다는 건 합리적 프리미엄에 대한 관심이고, 또한 작은 소비에서도 나심비를 생각하는 트렌드의 일부라고 볼 수 있다.

## 무제한에 수렴하진 않는다, 소비의 한계점

또 다른 이유는 소비에 제한점을 두는 상황 때문이다. 나는 이를 소비의 '한계점'을 설정한다는 말로 표현한다. 사실 누구나 가지고 있는 비용에는 한계가 있을 것이다. 하지만 이를 최대한 끌어올리는 방식으로 플렉스를 구현했다. "일단 지르고 본다"라는 말에 함축되어 있는 내용이다. 하지만 팬데믹의 영향으로 트렌드가 달라졌고, 중요시해야 하는 것들이 새롭게 생겨났다.

먼저 팬데믹을 겪으며 우리는 써야 할 돈을 쓰지 않은 상황을 마주했다. 이른바 잉여자원이다. 예를 들면, 여행 가서 쓰려고 했던 돈을 쓰지 못했고, 모임 회비로 생각한 돈을 쓰지 못했다. 이런 식으로, 쓰려고 계획했던 돈이 남게 된 것이다. 애초에 모으려고 했던 돈이라면 당연히 소비보다는 자산 가치를 불릴 수 있는 대상에 투입하려고 맘먹지 않았을까? 하지만 계획 때부터 쓰려고 맘먹었던 돈이라 자산 형성 과정에 선뜻 투입하지 못했다. 그래서 잉여자원이 남게 되었고, 기존보다 조금 더 나은 선택지들을 선택할 여력이 생긴 것이다. 혹자는 이를 '보복소비'라는 단어로 표현하기도 했다. 하지만 보복소비는 당초 계획과 비슷한 범주 내에서 다소 큰 비용을 소비하는 것이라 합리적 프리미엄과는 거리가 있다. 게다가 소비에서 '보복'이란 없다고 본다. 보복이라는 단어보다는 잉여자원 내에서 합리적 선택을 한다고 보는 게 더 옳은 시선이 되지 않을까 싶다.

게다가 우리는 돈에 대한 관심이 트렌드화 된 세상에 살고 있다. 돈이란 경제적 자유를 앞당기는 대상이고, 파이어족(조기 은퇴족)의 행복한 나날을 이끄는 대상이다. 그래서 투자 관련 콘텐츠가 쏟아지고, 부업에 대한 관심 또한 높다. 경제가 좋은 상황에서는 자산을 불리는 쪽으로, 경제가 안 좋은 상황에서는 방어하는 방향으로 정보가 넘친다. 경제 상황과는 전혀 상관없이 돈에 대한 관심은 계속 뜨겁다는 것이다. 그러니, '나'를 위한 소비조차도 미래를 위한 선택에 투입해야 한다는 인식이 강해졌다. 오늘의 즐거움을 조금만 줄이면, 미래의 은퇴가 앞당겨진다는 인식 또한 광범위하게 퍼졌다. 자신이 정말 관심 있는 것이 아닌 분야에서는 아끼거나 조금 더 나은 걸 소비하는 수준에서 타협하자는 추세가 강해졌다. 혹은 플렉스는 최대한 줄이고, 합리적 프리미엄을 추구하는 선에서 소비의 즐거움을 조절하자는 생각도 지지를 얻었다. 물론 가장 좋은 건 아낄 건 모두 아끼고 자산을 형성하는 것이겠지만, 대부분의 대중들은 이제 안다. 무조건 아끼는 건 불가능하다는 사실을 말이다. 그래서 대안으로 합리적 프리미엄이 주목받은 것이다. 자신의 행복을 솔직하게 추구하는 MZ세대의 특성상, 돈은 이제 화를 부르는 대상이 아니라 자신의 가치를 끌어올리는 고마운 대상이다. 또한 자유를 불러오는 가장 확실한 카드다. 따라서 앞으로도 이런 관심은 트렌드로 인식될 가능성이 높고, 합리적 프리미엄 또한 지속적으로 언급되는 개념이 될 것이다.

# 오롯이 '나'에 맞추다, 방향성의 승리

그렇다면 이런 합리적 프리미엄 추구를 통해 대중들은 무엇을 얻으려고 하는 걸까? 가장 대표적인 것은 심리적 승리이다. 가치소비에서도 정서적 만족감을 강조했지만, 합리적 프리미엄은 심리적 승리 그 자체다. 그만큼 심리적인 부분이 큰 부분을 차지한다. 다만, 가치소비에서는 정서적이라는 표현을 사용하고 합리적 프리미엄에서는 심리적이라는 표현을 사용하는 건 미묘한 차이가 있기 때문이다.

심리적 승리는 크게 두 가지 방향으로 나뉜다. 이 방향은 트렌드를 바라보는 나의 의견이며, 다른 참고 문헌은 없다는 걸 미리 밝혀둔다. 첫 번째는 방향성의 승리이다. 사회생활을 생각해보자. 자신의 의견이나 이야기를 더 많이 하고 싶지만, 구조적인 특성이 가진 한계상 집단의 가치를 따라가야 하는 상황이 여럿 생긴다. 굳이 예를 들자면 이런 식이다. 점심 식사를 위해 상사들과 함께 방문한 중식당에서 먼저 짜장을 외쳐 마음 상했던 기억이 있었을지도 모르겠다. MZ세대들은 이 상황에서 자연스럽게 자신의 선호 메뉴를 주문하는 여유가 생겼지만, 여전히 모두가 그런 건 아니다. 이렇듯, 사회에서 구성원으로 역할을 수행하는 건 때로는 자신을 숨겨야 하는 상황들을 경험하게 한다. 사회생활이 그렇다는 말로 포장 하지만, 실상은 딱히 즐거운 일은 아니다. 그러다 보니 자신이 번 돈을 쓸 때만이라도 방향성을 온전히 자신에게 맞추고 싶어 한다. 그래서 미코노미라는 개념에 이어 취향소비와 가치소비도 트렌드로 등장했다. 여기에 합리적 프리미엄까지 더하면 합이 완벽하다. 다른 거 전혀 생각 안하고, 자신을 위해 좀 더 나은 소비를 진행하니 방향성이 완전하다. 다른 기준은 필요 없다. 자신의 만족감을 위해 합리적 수준에서 돈을 쓰면 그만이다. 이를 방향성의 승리라고 표현하고 싶다.

트렌드를 읽은 가전 기업은 떨이가 아닌 프리미엄화에 집중하고 있다(출처: 삼성전자).

이런 트렌드를 정확히 읽은 가전 기업들은 방향성을 프리미엄에 맞췄다. 그렇다고 해서 초고가 전략을 구사하는 건 아니다. 기존 제품보다 좀 더 나은 성능과 개인화 진행을 더해 합리적 수준에서 가격을 끌어올리는 방식이다. 가전 업계에는 일명 '떨이'라는 용어가 있다. 적정수준에서 재고를 소진해야 다음 단계를 밟을 수 있기 때문이다. 하지만 이런 전략 자체가 프리미엄의 가치를 떨어뜨리고, 브랜딩을 방해한다는 인식이 이제는 기준으로 받아들여지는 것 같다. 대신, 제품의 라인업을 확대하고 프리미엄의 가치를 명확히 소개하는 데 집중하고 있으니 말이다. 삼성전자도 마찬가지다. 비스포크로 프리미엄 가전 시장을 선도하고 있고, 과하게 비싸지 않은 선에서 더 나은 선택을 바라는 대중들의 트렌드를 반영하고 있다. 프리미엄 가전을 선택하는 대중들에게 타인의 기준은 큰 의미가 없다. 자신의 취향과 만족을 위해 비용을 집중시킨다. 방향성의 승리는 이렇게 이뤄진다.

## '나'는 가치 있는 사람, 존재감의 승리

존재감은 중요하다. 이를 존재감의 승리라고 표현하고 싶다. 사실 팬데믹 이후 줄어든 사회적 존재감을 여러 곳에서 찾고 있고, 그 방법 중 하나가 바로 가치소비였다. 하지만 누군가에게 인정받는 것만큼이나, 스스로 자신의 존재감을 만들어가는 것도 중요하다. 이미 자신의 몸을 긍정하는 '바디 포지티브(Body Positive)'가 큰 흐름을 형성했고, 자존감을 높이기 위한 수많은 담론들이 콘텐츠화되어 대중들을 만난다. 새로운 플랫폼으로 평가받는 메타버스 역시 마찬가지다. 메타버스 내에 존재하는 자신의 아바타가 확실한 존재감을 드러내기 위해 아이템에 돈을 쓴다. 현실에서의 나를 꾸며주는 것과 같은 이치다. 가상공간에서 자신을 대신하는 아바타는 곧 현실에서의 자신과 같고, 이들의 존재감 역시 챙겨주어야 하는 과제가 존재한다. 그러니 아이템은 잘 팔리고, 아바타를 꾸밀 수 있는 디지털 수집물 역시 큰 반응을 얻는다. 마찬가지의 개념을 합리적 프리미엄에도 적용해보면 답이 나온다. 현실의 나는 프리미엄급 제품을 소비할 정도의 가치는 충분히 지니고 있는 것이다. 좀 더 나은 제품을 소비하며 자신의 존재감을 토닥거리고, 좀 더 나은 선택지를 고르며 그만한 존재라는 인식을 하게 되는 것이다. 아주 쉽게 비유하자면 이렇다. 커피를 무척 좋아하는 내가 프리미엄급 커피를 구매했다면, 나는 그 커피 정도는 소비할 수 있는 사람이 되는 것이다. 즉, 프리미엄이라는 가치에 공감하는 존재감을 스스로 쌓아올리는 것이다. 이런 식으로 자존감을 끌어올리고, 우리의 존재감은 승리의 순간을 맛보게 된다.

술 한잔을 마셔도 프리미엄을 찾는다(출처: 하이트진로).

때 아닌 프리미엄 소주 바람이 불었다. 하나의 거대한 트렌드를 형성할 정도로 거셌다. 박재범이 출시한 '원소주'부터 시작된 흐름은 하이트진로의 '진로 1924 헤리티지'로 이어졌다. 흥미로운 건 단순한 열풍이 아니었다는 것이다. 실제로 없어서 못 사는 일이 비일비재하게 벌어졌고, 새로운 제품을 내놓을 때마다 열광적인 반응을 이끌어 냈다. 주류 시장에서는 이런 흐름과 함께 위스키 열풍도 주목할 만했다. 도수나 가격 면에서 진입장

벽이 높은 술로 여겨지던 위스키 시장에 MZ세대가 진입하면서 선풍적 인기를 이끌어 낸 것이다. 위스키 관련 콘텐츠도 덩달아 뜨거운 반응을 얻었고, 위스키는 MZ세대의 선택이라는 말까지 들으며 환골탈태했다. 말하자면 그렇다. 그냥 소주를 먹는 것과 프리미엄 소주를 먹는 것, 그리고 단순한 주류를 소비하는 것과 위스키를 소비하는 것, 두 시점 모두 마실 수 있다는 것에 있어 존재감이 한 몫을 담당한다. 물론, 맛의 차이나 술에 소비하는 돈의 차이에서의 취향소비도 존재할 수 있다. 하지만 그만큼이나 "나는 이 정도 술은 소비 가능하다"라는 믿음도 큰 역할을 담당할 것으로 본다. 이런 게 바로 합리적 프리미엄을 이끄는 가치고, 존재감의 승리이다.

# 설득이 중요하다

합리적 프리미엄은 소비를 유도하는 매우 좋은 트렌드다. 그래서 기업 중심으로 매우 활발한 반영이 이뤄지고 있고, 앞으로도 프리미엄 라인업은 좋은 방향성이 될 것으로 예상된다. 하지만 반드시 주의해야 할 게 있다. 트렌드가 원하는 게 무조건적인 프리미엄화는 아니라는 것이다. 대뜸 들이미는 합리적 프리미엄은 이해의 측면에서 부족할 수밖에 없다. 기업 입장에서는 더 나은 것들을 활용했으니 프리미엄 아니냐고 항변할 수 있겠지만, 대중들은 상세한 내용조차 알기 어려울 수 있다. 그러니 프리미엄화에도 과정과 설명이 필요하다고 할 수 있겠다.

특히 설명이라는 단어에 주목하고자 한다. 수직사회에서는 늘 설명이 부족했다. 기업이나 기관이 하고 있는 일, 그리고 추구하는 가치에 대해 충분한 설명이 없는 사례가 상당히 많이 존재했다. 그러다 보니 대중들은 기업과 기관에 대한 이해도가 늘 부족했고, 브랜딩 측면에서 형성되는 이미지도 딱히 좋을 수 없었다. 하지만 이제는 수평사회다. 대중들은 기업과 기관에 대한 정보를 원한다면 언제든 얻을 수 있다. 각자의 관점에서 브랜딩 이미지를 형성하고, 기업과 기관이 행하는 설명 과정에 귀를 기울일 수 있는 기회가 많아졌다. 그러니 설명을 하려 하지 않는다는 건, 곧 신뢰와 연결된다. 믿고 구매한다, 혹은 믿고 간다는 말이 괜히 나오는 게 아니다. 충분한 설명을 진행한 기업, 기관은 그렇지 않은 경우와 현저한 차이를 보일 수밖에 없다. 대중과 뉴미디어, 그리고 트렌드까지 고려한다면 설명을 통한 이해 과정을 동반한 합리적 프리미엄을 추구해야 할 것이다.

이를 위해 한 가지 더 봐야 할 트렌드의 개념은 '체크슈머'이다. 체크(check)와 컨슈머(consumer)를 합친 단어로 체크하는 소비자를 말한다. 여기서 체크란 성분, 가치, 과정 등을 모두 확인한다는 뜻이다. 이 개념 자체가 비건에서 파생된 건 아니지만, 비건 제품들을 말할 때 많이 언급되며 알려졌다. 비건은 성분에 대한 기준이 상당히 중요하기 때문에, 이를 반드시 체크해야 한다. 뷰티나 식품 모두 마찬가지다. 그래서 구매 전 성분을 체크하는 대중들이 비건쪽에 많이 존재했고, 체크슈머라는 단어의 존재감이 유독 비건 분야에서 강하게 떠올랐다. 트렌드를 타고 가치에 대한 체크까지 더해지며, 체크슈머는 소비의 기준 중 하나로 평가받게 되었다. 합리적 프리미엄에서도 마찬가지다. 합리적이라는 단어가 함축하고 있는 가격 경쟁력은 결국 성분이나 시도에 대한 체크가 이뤄질 때 더 높아질 수 있다. 해당 가격이 합리적인지를 판단하는 체크 요소가 설득력을 더해 줄 것이기 때문이다. 이 체크 요소는 유형과 무형을 모두 포함한다. 유형은 성분이나 재료가 될 것이고, 무형은 브랜드 가치가 될 것이다. 유형과 무형을 모두 체크하며 프리미엄에 대한 가치를 판단할 것이고, 그래서 체크슈머의 개념을 이해할 필요가 있는 것이다. 난데없는 프리미엄은 줄이고, 설명 가능한 합리적 프리미엄을 만들어가야 하는 이유는 체크슈머와 함께 더 명확해진다.

저칼로리 프리미엄 아이스크림의 성장은 충분한 설명이 있기에 가능했다(출처: BGF리테일).

안 좋은 건 빼고 줄이는 로우푸드 트렌드를 타고 간식 시장에도 설탕과 칼로리를 줄인 제품들이 대거 등장했다. 이런 제품들은 대부분 일반 제품들보다 가격대가 높았고, 그래서 합리적 프리미엄의 개념에 들어가는 경우가 많았다. 건강을 생각한다는 사실을 고려해도, 유독 이런 제품들의 성장세는 두드러졌다. 매출 신장률이 100%가 넘어가는 달이 허다했다고 하니, 유통 업계에서는 로우푸드를 따라간 디저트류 제품들에 관심을 가질 수밖에 없었을 것이다. 대표적인 사례로 보통 아이스크림 칼로리의 1/3 수준인 '라라스윗'은 편의점뿐만 아니라 일반 유통 채널에서도 큰 반응을 일으켰다. 라라스윗을 비롯해 저칼로리 아이스크림을 표방한 여러 제품들이 사랑받았다. 이 제품들이 무조건적으로 건강에 도움 되는 합리적 프리미엄을 반영한 아이스크림을 표방했다면 설득이 부족했으리라 본다. 하지만 정확히 얼마나 칼로리가 줄었는지, 그리고 칼로리가 줄어든 원인은 무엇인지, 그럼에도 대중이 기대하는 맛을 낼 수 있는 방법은 무엇인지에 관해 충분히 설명했다. 이런 사항들을 체크한 대중들은 실제로 맛을 경험하며 힘을 실어주었고, 건강에 도움 되는 합리적 프리미엄의 브랜딩이 완성될 수 있다.

편의점 커피, 이제는 프리미엄화가 한 축을 담당하고 있다(출처: BGF리테일).

다른 사례로 편의점 커피를 들 수 있다. 대한민국의 커피 사랑은 대단하다. 각자 커피를 소비하는 곳은 조금 다를 수 있다. 그래서 그런지 편의점 커피 시장의 규모는 생각보다 매우 크다. 매년 두 자릿수씩 성장세를 보이는 탓에, 많은 유통업계가 관심을 가지고 있다. 이런 상황에서 CU는 편의점 커피 프리미엄화를 단행했다. 합리적 프리미엄 트렌드를 바라본 것으로 판단된다. CU는 정확하게 어디에서 어떤 커피머신을 들여오는지, 로스팅 전문가의 도움을 받는 원두가 어떤 비율로 배합되는지, 그리고 친환경에 대한 가치는 어떻게 반영하는지 등 프리미엄에 대한 반영 사항들을 하나씩 정확하게 설명했다. 단순히 원두를 바꿔서, 머신을 바꿔서라는 설명이 뒤따랐다면 다소 설명이 부족했을 것이다. 하지만 구체적으로 실천 사항들을 공개하며 프리미엄에 대한 공감대를 형성시켰다.

설명이 절반 이상이라 봐도 과언이 아닐 것이다. 우리끼리의 합리적 프리미엄이 아니라, 설득 가능한 합리적 프리미엄을 추구해야 한다는 사실을 잊지 말자.

## 합리적 프리미엄의 미래, 어떻게 봐야 할까?

그렇다면 합리적 프리미엄의 미래는 어떻게 봐야 할까? 결론부터 말하자면 한동안 합리적 프리미엄의 기조는 유지될 것으로 예상한다. 현재 트렌드를 둘러싸고 있는 환경이 합리적 프리미엄에 유리한 조건을 조성하고 있기 때문이다.

일단 경제적인 상황은 논외로 두도록 하자. 경제적 상황을 뛰어넘는 개인들의 생각이 있고, 앞서 언급했듯 합리적 프리미엄은 경제적인 전망과는 관계없이 영향을 미치고 있다. 따라서 경제 상황에 따라 등락을 반복할 것이라는 예상은 큰 의미가 없으며, 대신 소비의 상황들을 봐야 명확한 진단이 가능할 것이다.

소비의 측면은 상당한 분화 과정을 거치고 있다. 기업도 이에 따라 제품 라인업을 적당한 가격대에서 합리적 프리미엄 가격대까지 다양화한다. 이를 뛰어넘는 그야말로 '프리미엄'에 해당하는 제품들도 당연히 존재한다. 즉, 상황이나 생각에 따라 선택하라는 기조가 더 명확해지고 있는 것이다. 대중들도 마찬가지다. 무조건 쓰거나 아끼는 게 아니라, 각자의 상황이나 생각을 반영해 소비를 조절한다. 어려운 상황에서도 꼭 써야 할 곳은 쓰며, 자신의 진짜 관심사에는 소비를 아끼지 않는다. 대신 다른 분야에서 아끼거나, 혹은 적정 수준을 찾는 방식이다. 따라서 앞으로 트렌드는 거대한 물결 같은 소비 흐름이 사라질 것으로 예측한다. 물결에 쓸려나가듯 흐름에 동조하는 소비는 이제 없을 것이다. 각자의 이야기를 반영한 스토리라인이 생길 것이고, 그래서 마이크로 트렌드로 빠져들게 될 것으로 전망한다. 마이크로는 작은 입자를 의미한다. 즉, 작은 입자 같은 각자의 생각과 취향, 가치가 트렌드를 이뤄나간다는 것이다. 그래서 합리적 프리미엄은 이런 입자 중 하나로 역할을 다할 것이고, 개념 자체가 무너지거나 힘을 잃은 상황은 없을 것으로 예상한다.

게다가 이미 스몰 럭셔리 붐이 유행하고 있다. 지금의 트렌드는 자신을 위한 소비에 대해 꽤나 관대한 편이다. 자신의 존재감을 더해주고, 가치를 더하는 행동이라 생각하기 때문이다. 하지만 우리가 마주하고 있는 이 세상은 각자에게 더 집중하길 권한다. 집단보다는 개인을 먼저 생각하니 말이다. 환경 자체가 합리적 프리미엄을 지지하는 상황이다. 이 트렌드는 한동안 우리에게 영향을 미칠 것이다.

대중들에게 좀 더 확실한 가치를 전달할 수 있는 방안을 계속 고민해야 한다. 또한 각자의 가치를 더욱 높여줄 수 있는 상품, 서비스, 정책에 대한 상황까지도 생각하고 현실로 만들어 나갈 필요가 있다.

"우리가 마주하는 대중을 어떻게 더 고귀한 존재로 만들 것인가?"

이 고민에 대한 해답으로 브랜딩을 선도하길 바란다.

PART 7

# 근거리 소비 트렌드, 로코노미 열풍은 왜 불었나?

## 사러 가신다고요? 왜 멀리 갑니까?

문득 어렸을 때 생각이 난다. 하굣길에 편의점에서 무언가를 사오면 어머니께서 늘 말씀하셨다.

"편의점에선 비싸게 파는데, 주말에 엄마랑 장보러 가서 사지 그랬어?"

크게 혼나는 건 아니었지만, 어머니는 항상 탐탁지 않게 생각하셨다. 그리고 정말 주말에 아버지와 함께 큰 마트에 가서 일주일 동안의 식재료와 생활용품을 사오곤 하셨다. 하지만 이제 이런 개념은 정말 과거의 일이 되었다. 필요한 것들을 사기 위해 주말까지 기다리는 사람은 없다. 당장 지금 주문해도 내일, 혹은 모레면 택배로 주문한 것들이 도착한다. 심지어는 퀵 커머스를 이용하여 1시간 내로 필요한 것들을 집에 앉아 편하게 받을 수 있다. 게다가 슈퍼가 문을 닫는 시간에 가는 것만 같았던 편의점은 이제 언제든 방문하는 유통의 중심이 되었다. 과거처럼 몇몇의 일부 상품들만 판매하는 곳이 아니다. 오히려 없는 것을 찾는 게 더 빠를 정도로 많은 제품들을 취급한다. 설명을 위해 언급한 이 몇 가지 사항들이 지금부터 이야기할 근거리 소비 트렌드를 만드는데 큰 역할을 했다. 먼저 몇 가지 개념을 정리하고 본격적인 이야기에 들어가자.

먼저 근거리 소비 트렌드가 있다. 이 트렌드는 필요한 것들을 가까운 거리에서 구매하는 경향을 뜻한다. 물론 개념 자체는 편의점이나 동네 맛집 같은 물리적으로 가까운 거리 내에서 소비하는 것이나, 배송을 통해 받는 것도 근거리 소비 트렌드의 범주에 들어간다고 생각된다. 구매 플랫폼으로 역할을 수행하는 스마트폰이나 인터넷 사이트는 접근성이 매우 좋기 때문이다. 이와 함께 '로코노미'라는 용어가 생겼다. 지역을 뜻하는 단어 로컬(local)과 경제를 뜻하는 이코노미(economy)의 합성어다. 해석을 하자면 '지역경제'가 될 텐데, 방금 설명한대로 취향에 맞게 물리적 거리가 가까운 곳에서 소비처를 찾는 흐름을 말한다. '홈 어라운드 소비(Home-around 消費)'라는 용어도 자주 사용된다. 홈 어라운드 소비는 근거리 소비 트렌드와 거의 유사한 개념이다. 다만 필요한 것만 근거리에서 소비한다는 뜻을 내포하고 있다는 점에서 약간의 차이가 존재하나, 본질적으로는 비슷하다고 봐도 좋다. 여기에 '슬세권'이라는 단어도 꽤 괜찮다. 슬리퍼 세권이라는 뜻으로 걸어서 갈 수 있는 근거리에 위치한 상권을 뜻하는 말로 사용된다. "나의 슬세권에 위치한 맛집"과 같은 형태로 활용 가능하다. 이런 단어들의 핵심은 다음 세 가지이다.

1. 집이나 자신이 존재하는 곳을 중심으로 근처에서 소비한다.
2. 그간 잘 몰랐던 근처의 가치를 재발견했다.

3. 한 번에 많이 사거나 기다리는 것 대신, 필요할 때 구매한다.

이런 부분들이 근거리 소비 트렌드, 로코노미, 홈 어라운드 소비의 핵심이라고 보면 좋다. 트렌드가 달라지면서, 이제 무언가를 사러 멀리 이동하는 일은 크게 줄었다. 맘먹고 방문하는 맛집이나 핫플이 아닌 이상, 지역이 재발견되는 사례도 점점 많아지고 있다. 누군가는 이렇게 말한다. 팬데믹을 겪으며 활동 반경이 적어진 탓이 아니겠냐고, 팬데믹 이후에는 돌아가지 않겠냐고 말이다. 옳은 지적이지만, 뭔가 부족하다. 다만, 근거리 소비 트렌드의 단면만 판단한 게 아닌가 싶다. 이런 판단의 이유를 지금부터 알아보기로 한다.

# '나'의 존재 기준

사실 서비스의 기준은 '나'다. 앞선 미코노미나 가치소비에서 정확히 이해를 했겠지만, 세상의 중심은 이제 '나'라고 봐야 한다. 이런 생각을 기준으로 쇼핑을 바라보면 다음과 같은 의문이 생긴다.

"세상의 중심은 나라면서 왜 내가 가지러 가야하지?"

서비스의 중심도 결국 '나'로 귀결된다. 그러니 최소의 노력을 기울일 수 있는 근거리가 어울리며, 빠른 속도로 배송 받을 수 있는 근거리가 '나'의 존재 기준을 알려주는 좋은 수단이 될 것이다.

이는 "손님이 왕"이라는 과거의 개념과는 완전히 다르다. 손님이 왕이라는 말은 밑도 끝도 없는 손님 중심주의고, '나'의 존재감을 채우는 건 서비스의 편리함을 기준으로 삼는 것이다. 따라서 무조건적으로 받드는 과거와는 달라졌다고 보는 게 좋을 것이다.

이처럼 모든 트렌드의 기준은 '나'라는 존재에서부터 시작된다. 그래서 계속해서 미코노미를 강조하는 것이고, '나'의 시대를 선도하려는 노력의 필요성을 역설하고 싶은 것이다. 대중은 무조건적인 존중을 원하는 것도 아니지만, 그렇다고 해서 자신의 중심이 되지 않는 서비스나 상품을 원하는 것도 아니다. 그런 이유에서 우리는 이 사고구조의 트렌드를 면밀히 이해해야 할 것이다.

라이브 커머스, 시대가 달라졌다는 이야기만으로 설명 가능할까? (출처: 네이버)

네이버가 쇼핑LIVE 서비스에 열을 올리고 있고, 이제는 라이브 커머스를 시도하지 않는 기업을 찾는 게 더 빠를 정도다. 기관도 생산자를 연계해 적극적으로 라이브 커머스를 지원한다. 실제로 홈쇼핑을 능가하는 존재감으로 성장했고, 연간 라이브 커머스로 일어나는 매출은 어마어마한 규모다. 단순히 이 개념을 시대가 달라졌다는 말로 설명이 가능할까? 나는 아니라고 본다.

라이브 커머스는 근거리에서 접근이 가능하다. 대부분 모바일에서 접근하기 때문이다. 게다가 배송을 퀵 커머스와 연계하는 경우도 상당수다. 답답하게 기다릴 필요가 없다는 것이다. 여기에 방송 중심이 대중에게 있다. 실시간으로 소통하고, 자신들이 원하는 사항을 물어볼 수 있기 때문이다. 따라서 빠른 속도를 제공하는 동시에 대중들에게 전반적인 라이브 커머스의 구조를 알려주었다는 것이다. 근거리 소비 트렌드의 핵심 메시지와 부합하는 지점이다. 그러니, 라이브 커머스는 앞으로도 더 활발하게 시도될 것이다. 트렌드에 가장 어울리는 방식이니 말이다.

## 가구 구성원의 축소, 쟁여 두지 않는다

팬데믹이 근거리 소비 트렌드에 영향을 준 건 사실이다. 하지만 사회 흐름의 변화를 면밀히 보면 발견할 게 많다. 가구 구성원의 축소 경향을 보자. 1인 가구는 계속 증가하고 있고, 가구 구성비에서 점점 존재감을 넓히고 있다. 결혼한 가구도 3~4인 가구 대신 2인 가구를 선택하는 경우가 많다. 즉, 가구 구성원의 숫자가 계속 줄어들고 있다는 뜻이다. 이 경우, 살고 있는 공간도 적당한 수준에서 결정한다. 무조건 큰 공간을 마련하는 건 비효율적이기 때문이다. 그렇기에 많이 구매하여도 쓰거나 먹을 사람이 없고, 일명 '쟁여 두기'를 할 공간이 없다. 즉, 흐름의 변화가 가까운 곳에서 필요한 것만 구매하는 상황을 이끌고 있다는 뜻이 된다. 그래서 팬데믹만 바라보는 건 설명이 부족하다고 말하는 것이다.

이런 사실은 통계로도 증명된다. 편의점이 본격적으로 재발견 된 이후, 편의점 상품군 중에서 가장 많이 매출이 성장한 건 식품군과 생활용품군이다. 두 가지 카테고리는 대중들의 삶과 가장 밀접한 연관이 있는 주인

공들이다. 따라서 생활과 가장 밀접한 소비를 편의점에서 진행했다는 뜻이 된다.

근거리에서 사지 않는 게 없다(출처: 요기요).

그래서 '퀵 커머스(Quick Commerce)'라는 개념이 나올 수 있었다. 퀵커머스란 근거리에서 빠르게 주문한 제품을 가져다주는 서비스다. 보통은 최대 1시간을 기준으로 한다. 1시간이 넘어갈 수도 있겠지만, 이 경우는 퀵 커머스라기보단 일반적인 배송에 가깝다. 요기요는 퀵 커머스로 마트와 함께 델리 제품까지 취급하고 있다. 델리는 우리가 마트에 갔을 때 즉석조리식품을 팔던 그 코너를 지칭하는 단어다. 요기요는 주문 즉시 조리하여  집 앞까지 가져다준다는 컨셉트로 퀵 커머스를 다변화시키고 있다. 방금 지적했듯, 퀵 커머스는 근거리에 위치하지 않으면 서비스 자체가 불가능한 개념이다. 필요할 때 조금씩, 또 필요한 걸 바로 주문하는 근거리 소비 트렌드의 특성을 잘 반영했다고 봐도 좋을 것이다.

# 잘 몰랐던 것들을 발견하는 즐거움

나만 알고 싶은 맛집, 혹은 나만 알고 싶은 명곡이 있지 않은가? 나 또한 그렇다. 잘 몰랐던 것들을 발견하는 건 소소하지만 상당한 행복감을 가져다준다. 남들 다 아는 것들을 정보를 통해 얻는 건 다소 뻔하지만, 나만의 발견이라는 건 마치 신대륙을 찾은 것과 같은 즐거움을 준다. 게다가 오리지널리티가 분명한 정보를 제공할 때 더 인기를 얻는 뉴미디어의 특성상, 스스로 발견하는 정보의 가치는 무궁무진하다. 물론 모두가 블로그와 SNS를 중심으로 살지는 않지만, 인증샷을 업로드했을 시, 기왕이면 나만의 색깔이 더 많은 타임라인이 훨씬 돋보일 것이다.

그동안의 우리의 정보는 대게 '핫플(핫플레이스)' 위주로 돌아갔다. 그래서 핫플이 위치한 중심 상권은 늘 언급량이 많았고, SNS에서도 콘텐츠가 넘쳐났다. 시간이 지나면서 이런 콘텐츠들은 다소 희소성을 잃을 수밖에 없었다. 그러니 더 많은 것들이 발견되어야 했고, 이 와중에 가까운 곳에서 찾을 수 있는 주변 상권은 근사한 해답이 되어 주었다. 시작은 팬데믹이었다. 중심 상권 방문이 부담스러우니 근처를 방문한 것이다. 하지만 막상 방문해보니 발견의 재미도 느끼고, 색다른 감성을 느낄 수 있었다. SNS에서 터질만한 감성에 열광하는 '인싸'들에게는 눈에 번쩍 뜨일 대안이었다. 그래서 다양한 지역 태그가 SNS에 등장했고, 숨겨진 핫플을 발굴해 나가는 사람들이 타임라인을 장악하기 시작했다. 결국 중심상권과 주변상권은 어느 정도 균형을 이루어 나가기 시작했고, 배송 문화와 함께 배달이 가능한 주변상권은 더 가치를 가지게 되었다. 시작은 팬데믹이었지만, 뉴미디어 특성과 함께 맞물린 트렌디한 움직임이 근거리 소비 트렌드를 리드하는 힘이었다.

확실한 트렌드가 되다보니 특화 카드도 나왔다(출처: KB국민카드).

근거리 소비가 확실한 트렌드로 자리잡으니 최적화된 카드도 나왔다. KB국민카드의 '우리 동네 체크카드'이다. 이 카드의 혜택은 걸어서 이용 가능한 오프라인 점포에 초점이 맞춰져 있다. 우리 동네 주변의 가게 이용 시 생활 속 할인 혜택을 제공하기 때문이다. 예를 들면 세탁소, 정육점, 반찬가게, 제과점, 아이스크림 가게 등이다. 주로 집이나 위치한 곳을 기준으로 가까운 거리에서 소비할 수 있는 점포들이니, 근거리 소비 트렌드를 정확하게 반영했다고 볼 수 있다. 그야말로 슬세권 최적화다.

# 본질은 어디에? 편리미엄

이유를 알아봤으니, 이제 본질적 의미를 알아볼 차례다. 근거리 소비 트렌드의 본질은 도대체 어디에 있는가? 쉽게 생각하자. 멀리 이동해야 할 거리를 줄였다. 큰 힘 들이지 않고 주변 상권을 발견한다. 쇼핑 또한 노력을 줄이고 쉽게 받는다. 결국 '편리미엄'으로 귀결되는 걸 알 수 있다.

편리미엄이란 편리함이 곧 프리미엄이라는 뜻이다. 편리함을 확보하기 위해 돈을 쓸 수 있다는 의지를 드러내는 트렌드다. 근거리 소비 트렌드는 편리미엄의 영향을 받았다. 소비에 들어가는 수고로움을 크게 덜어주었기 때문이다. 편리미엄은 그간 트렌드로 우리에게 많은 영향을 주었고, 앞으로도 상당한 영향을 발휘할 것이다. 그래서 근거리 소비 트렌드의 본질을 들여다보며 상세히 짚고 넘어가고자 한다.

사실 편리미엄과 연관된 이야기는 꽤나 많다. 대표적으로 몇 가지만 언급하자면 먼저 HMR(가정간편식)이 있다. 가정간편식은 거의 모든 식품 회사들이 관심을 가질 정도로 큰 시장 규모로 성장했다. 앞으로는 5조 원까지 시장 규모가 성장할 것이라는 전망도 있고, 심지어 5조 원을 넘어 계속 성장하지 않겠냐는 예측도 있다. 물론 시장 전망이라는 건 그때그때 바뀔 수 있다. 그래서 모두가 한 목소리로 큰 시장 규모를 예측하는 건 상당히 이례적인 일이다. 그만큼 가정간편식 시장의 가능성을 높게 보고 있다는 뜻이다.

이런 가정간편식 시장을 관통하는 키워드가 바로 편리미엄이다. 생각해보자. 만약 당신이 조리를 해야한다면, 어떤 과정이 동반되겠는가? 먼저 조리할 대상을 정한다. 그리고 그 대상을 위해 필요한 재료를 사와야 할 것이다. 이후 재료를 다듬고 조리를 해야 할 것이며, 이후에는 조리에 쓴 도구들을 씻어야 할 것이다. 최대한 짧게 표현했음에도 불구하고, 상당히 많은 과정들이 나열됐다. 이 과정을 가정간편식이 모두 대신해준다. 그래서 가정간편식 시장은 성장했고, 더 많은 제품들이 대중들을 만나고 있다.

가사 노동을 줄여주는 가전제품들도 시장에서 핫하다. 식기세척기, 건조기와 같은 가전제품들이 인기가 좋았다는 사실은 많이 들어봤을 것이다. 심지어는 이런 트렌드를 잘 활용해 브랜딩에 성공한 사례도 있다.

하이마트는 자체 PB(Private Brand)상품인 '하이메이드'를 가지고 있다. PB라고 하면 보통 같은 제품군보다 약간 저렴한 가격을 경쟁력으로 하는데, 물론 하이메이드도 마찬가지다. 단, 여기에 편리미엄이 말하는 메시지를 담아 라인업을 크게 늘리는 전략을 사용했다. 펫 자동급수기, 풋클리너와 마사지기, 안마의자 등은 물론이고 생활 편의를 제공하는 전자제품이 즐비하다. 이 라인업의 종류는 우리의 생각을 뛰어넘을 정도로 다양하다. 취향도 맞추고, 편리함도 전한다. PB의 포지셔닝이 쉽지 않은 상황에

하이마트의 PB 하이메이드, 굿! (출처: 롯데하이마트)

서, 트렌드에 집중했던 하이마트는 그야말로 '굿(Good)'이었다.

이런 편리미엄을 이해할 때 한 가지 유의해야 하는 부분이 있다. 쉽게 생각해보면 단순히 귀찮아서 편리미엄을 추구할 수도 있다. 이건 부정할 수 없는 사실이다. 그렇다면 우리는 편리함을 추구하면 무엇이 생길까? 다음의 사례를 보자. A라는 사람이 저녁을 만들어 먹었다. 다 먹은 후 식기세척기가 설거지를 대신해 준다. 설거지를 안 하는 만큼, A가 확보하게 되는 건 무엇일까? 바로 시간이다. 설거지 시간을 아낀 만큼, 활용할만한 시간이 생긴다. 설거지로만 한정하면 이 시간이 그리 많지 않을 수도 있다. 하지만 하루에 걸쳐 조금씩 시간을 아낄 수 있다면, 곳곳에서 확보하는 시간은 꽤 많지 않을까? 이 시대의 대중들은 스스로를 위해 더 많은 시간을 쓰길 바란다. 휴식을 더 취할 수도, 자기 계발을 위해 활용할 수도 있다. 물론 목적은 다를 수 있다. 그러나 자신을 위한 시간을 더 확보하고 싶은 마음은 같다. 그럴 수밖에 없다. 사회생활은 오롯이 스스로를 위한 시간은 아니지 않겠는가? 자신들을 위해 각종 소비 방향을 모두 바꿔버린 지금의 트렌드가 요구하는 건, 자신만을 위한 시간의 여력이다. 그러니 어떤 방식을 통해서라도, 이런 시간을 더 확보해 나갈 필요가 있는 것이다. 즉, 편리미엄을 통해 확보한 시간은 스스로에게 투자하는 소중한 자산이기도 하다. 그러니 해당 자산을 더 늘리기 위해 돈을 쓰는 게 아깝지 않은 것이다. 단순히 귀찮아서라면, 과감한 비용 소비는 어렵지 않을까? 편리미엄이란 그리 단순한 게 아니라 알고 보면 스스로를 위한 적극적 행동이라는 걸 이해했으면 한다.

코웨이는 편리미엄을 위해 무엇을 반영하였나? (출처: 코웨이)

코웨이는 '아이콘 얼음정수기'로 그야말로 열풍을 일으킨 바 있다. 공장 정수기 생산라인 풀가동에 들어갈 정도로 뜨거운 반응을 얻었다. 코웨이 측이 주문량을 맞추기 버거운 상황이라는 공식 입장을 내놓을 정도였으니 말이다. 이 제품에는 편리미엄의 반영이 적극적으로 드러나 있었다. 좁은 주방에서도 사용할 수 있게 사이즈를 대폭 축소시켜 공간 활용 문제로 머리 아플 일이 없어졌다. 혁신 제빙 기술을 도입해 얼음 생성 속도를 개선하기도 했다. 얼음을 만드는 데 필요한 시간을 줄이고, 여력을 더 확보해 주었다. 살균 시스템도 개선해 신경 쓸 부분을 줄였고, 스마트 진단 시스템을 활용해 이상 발견 시 해결 방법을 안내한다. 정수기를 사용할 때 불편할 수 있는 사항들을 개선하는데 노력을 기울인 것이다. 편리한 부분으로 쓸데없이 낭비되는 시간을 줄이고 싶었던 대중들이 이 제품에 반응을 보인 건 당연한 일이 아니었을까 싶다. 이처럼 대중들의 시간을 아껴주는 만큼, 기업과 기관에는 반응이 뒤따를 것이다. 근거리 소비 트렌드 역시 대중들의 낭비되는 시간을 줄여줬다는 데 주목하자. 시간은 돈이다. 그만큼 확실한 가치를 이야기했다는 뜻으로 받아들이면 좋을 것이다.

# 보이지 않는 개념을 챙겨라

근거리 소비 트렌드는 앞서 지적한 대로, 가구 구성원의 감소 등 다양한 사회 현상을 타고 확고한 트렌드로 역할을 다할 것이다. 만약 유통업계의 노력이 더해져 지금보다 더 다양한 소비가 이뤄질 수 있게 뒷받침한다면, 굳이 멀리 가야 할 필요성 자체를 잊을 수도 있다. 그렇다면 로코노미는 더 활발하게 발전해 나갈 것이다. 단, 이런 발전을 위해 꼭 기억해야 할 사항이 하나 있다. 바로 보이지 않는 개념을 챙기는 것이다.

근거리 소비 트렌드와 연관된 편리미엄의 핵심은 낭비되는 시간을 줄여 각자가 활용 가능한 시간을 늘려주는 것이라고 말했다. 생각해보면 시간은 보이지 않는 가치다. 시계로 확인이 가능할 뿐, 시간 자체를 가시적으로 보거나 만져볼 순 없기 때문이다. 트렌드와 엮어서 생각해보면, 이런 보이지 않는 가치에 더 집중해야 할 시기가 아닌가 싶다.

이런 질문을 스스로에게 던져보자. 우리는 정말 마음 편한 상황에 살고 있는가? 스트레스는 어떻게 관리하고 있는가? 꼭 신경 쓰지 않아도 될 사항들을 얼마나 염두에 두고 있는가? 이 질문들에 대해서 "매우 편하다", "신경 쓰고 있는 게 없다", "스트레스가 없다"라고 말할 수 있는 사람은 아마 거의 없을 것이라 생각한다. 상담 예능의 범람과 함께 대화의 중요성이 떠오르고, 심리적 요인에 대한 관심이 과거보다 높아졌다. 여기에 코로나 이후의 우울증을 뜻하는 '코로나 블루(코로나 우울)'가 대중들의 심리적 안정을 파괴하는 시점을 겪으며, 우리는 심리적인 안정감에 많은 관심을 가질 수밖에 없었다.

그러니 편리미엄의 기준은 단순히 노동의 절감을 넘어 심리적 여력의 확보로 나아갈 필요가 있다. 근거리 소비 트렌드 역시 심리적 여력을 더 확보해주는 경향으로 발전할 필요가 있다고 본다. 예를 들면 이런 것이다. 우리의 필연적 고민 중 하나는 도대체 식사로 무엇을 먹느냐이다. 선택 장애가 있는 나는 메뉴를 정하지 못해 허둥지둥하다가 식사 시간을 놓쳐버린 경험도 꽤 많다. 단순하지만 상당한 스트레스인 이런 부분들을 해결할 수 있는 해답을 제시하는 것이다. 가까운 거리에서, 편리하게 접근할 수 있는 식사 메뉴를 추천해주면 편하게 식사를 할 수 있을 것이다. 이 뿐만이 아니다. 도대체 계절이 바뀌면 무슨 옷을 입어야 하는지 고민이다. 단순하지만 꽤나 고민되는 이 문제는 가까운 거리에서 구매할 수 있는 옷을 추천해주면 해결할 수 있을 것이다. 이렇듯 생활에서 발생하는 크고 작은 심리적 여력이 문제를 해결해주고, 마음의 여력을 확보해준다면 트렌드를 리드하는 상황을 만들어 갈 수 있지 않을까 생각한다.

상담의 가치가 더 높아지거나, 마음 챙김에 대한 수요가 점점 늘어나고 있다는 사실을 기억하자. 이제 여력이란 돈과 시간뿐만 아니라 심리적 여유까지 포함하는 개념이다. 다만 심리적 여유는 보이지 않는 개념이라 집중의 정도가 다소 낮지만, 오히려 이런 부분이 선점의 기회가 될 수 있다고 말하고 싶다.

직장인의 애환 듣기, 필라이트는 귀를 활짝 열었다(출처: 하이트진로).

사실 사연 공모와 같은 듣기 형태의 기획은 예전부터 있어왔지만, 최근에는 마음을 풀어주는 형태로 더 많은 활용이 이뤄지고 있다. 대표적으로 필라이트는 직장인 익명 애플리케이션 '블라인드'와 필굿 공식 SNS 채널을 활용해 직장인을 공략했다. 직장인의 사회생활 속 재미와 애환이 담긴 사연을 공모하는 '굿잡 해피니스 캘린더 이벤트'를 진행한 것이다. 많은 대중들이 참여했고, 선정된 사연은 일러스트레이터가 짤(일러스트 이미지)로 제작해 필굿 공식 홈페이지와 SNS에 게시되었다. 이 이벤트의 결과물은 MZ세대 직장인의 모습을 담은 '굿잡 해피니스 캘린더'로 출시되었다. 총 34장인 캘린더는 매일 다채로운 직장생활 짤 30개로 구성된 일력이었다. 자신의 이야기가 콘텐츠로 변한다는 걸 지켜보는 재미도 쏠쏠했겠지만, 이 이벤트의 핵심은 사연에 있다. 평소 갑갑했던 마음을 해소하고, 이 순간을 만끽하게 하는 것이다. 어딘가에 말이라도 하면 마음이 편해질 때가 있다. 하이트진로는 이러한 포인트를 제대로 공략했고, 심리적 여력을 확보해주며 눈길을 사로잡았다. 이제는 보이는 것들보다 오히려 보이지 않는 것들에 더 집중해야 하는 타이밍인지도 모른다. 전반적인 환경의 변화를 이해하고, 보이진 않지만 대중들에게 중요한 영향력을 행사하는 요소들을 검토해 볼 필요가 있다. 보이지 않는다고 존재하지 않는 건 아니다. 비록 '마음의 눈'은 아닐지라도 '트렌드의 눈'을 시험해 보길 권한다.

PART 8

# 워케이션, 불편한 동거는 어떻게 트렌드가 됐나?

# 놀러가서 일하라고요?

"놀러가서 열심히 일합시다."

생각만 해도 끔찍한 말 아닌가? 나는 상상조차 하기 싫다. 놀러 간다는 건 휴식을 위한 일인데, 왜 그 순간에도 일을 챙겨야 하는 것인가? 메신저로 시도때도 없이 오는 업무 지시도 싫은데, 노는 시간까지 일을 하라니. 이게 도대체 무슨 망발인가 싶지만, 이게 트렌드가 되었다.

워케이션(Worcation)은 일(Work)과 휴가(Vacation)의 합성어다. 전혀 어울리지 않는 두 단어가 합쳐져 새로운 개념이 탄생한 것이다. 보통 원하는 곳에서 일도 하고 휴가도 즐기는 방식을 뜻한다. 말하자면, 낮에는 일하고 밤에는 휴가를 즐기는 것이다. 이제 워케이션의 모든 형태는 아니지만 대표적인 형태라고 봐도 좋다. 트렌드라고 할 만큼 워케이션은 많은 대중들이 인지하고 있는 개념이 되었는데, 탄생하게 된 배경은 이렇다.

팬데믹을 겪으며 재택근무, 혹은 원격근무가 급부상했다. 그러다 보니 회사와 자택 모두 원격근무가 가능한 장비를 구축한 경우가 많아졌다. 자택이 아니어도, 업무 처리가 가능한 노트북쯤은 구비하게 되었다. 환경이 조성되니, 사무실에 앉아있지 않아도 업무는 잘 돌아갔다. 그러니 위치와는 상관없는 업무 진행에 대한 실험이 성공적으로 끝났고, 워케이션이 충분히 가능하다는 인식이 퍼졌다.

게다가 MZ세대는 워라벨을 매우 중시한다. 워라벨이란, '일과 삶의 균형'이라는 의미로 Work-life balance의 줄임말이다. 사실 워케이션과 워라벨은 딱히 관계가 없는 것처럼 느껴질 수도 있다. 하지만 일과 휴식을 결합한 워케이션은 일과 휴식의 경계를 정확하게 설정하는 워라벨과 본질이 같다. 워라벨에 대해 많은 경험을 해온 MZ세대이기에, 워케이션이 가지는 일과 휴식의 경계는 이미 익숙했다. 그래서 그만큼 빠르게 워케이션의 개념을 받아들였고, 적용 또한 빨랐다. 또한 MZ세대는 앞 장에서 언급한 '경험'을 중시하는 세대이다. 회사라는 공간을 벗어나 새로운 경험을 추구하길 원했고, 워케이션은 이런 경험을 가능하게 만드는 해답을 제시했다. 따라서 이런 배경을 볼 때, 워케이션은 재택근무나 원격근무의 산물은 아니다. 팬데믹의 상황에서 잠깐 등장했다 사라질 개념도 아니다. 지금의 트렌드가 원하는 가치들과 일치하는 부분이 많기에, 앞으로도 성장하게 될 새로운 방식이다.

## 무조건 떠나면 끝?
## 4가지 유형으로 보는 워케이션

그렇다고 해서 무조건 회사를 벗어나 일하면 워케이션에 적응하는 건 아니다. 보통 워케이션은 다음의 네 가지 형태로 나뉜다.

첫 번째는 가장 대표적인 '여행 워케이션'이다. 노트북이나 스마트폰으로 업무 처리가 가능하다면, 업무 장소를 원했던 여행지로 옮겨놓는 것이다. 여행을 즐기는 시간과 업무 시간은 분리가 필요할 것이다. 하지만 항상 똑같은 사무실이라는 업무 환경을 벗어나 효율성을 끌어올리는 방식이다. 두 번째는 '호캉스 워케이션'이다. 업무 장소를 옮긴다는 면에서는 여행 워케이션과 유사하지만, 목표 위치가 조금 다르다. 여행 워케이션은 목표 위치가 굉장히 다양할 수 있지만, 호캉스 워케이션은 대부분 도심 속에 위치한 호텔이 목표 위치다. 호텔이기 때문에 업무 환경을 뒷받침하는 요소들을 걱정할 필요는 전혀 없다. 원하는 대로 쉬고, 안정적인 업무가 가능하다. 또한 여행 워케이션보다 시도하기도 편하고, 비용 측면에서도 부담이 적어서 관심을 끄는 형태의 워케이션이다. 세 번째는 '자연형 워케이션'

이다. 굳이 유형 구분을 위해 이름을 붙이다보니 자연이라는 단어를 사용했지만, 우리가 흔히 알고 있는 힐링(healing)에 가까운 개념으로, 자연에 위치한 곳으로 떠나 마음도 치유하고, 업무도 진행하는 형태이다. 단, 자연형 워케이션은 업무 환경면에서 앞서 소개한 두 가지 유형보다는 다소 어려움이 많을 수 있다. 그래서 사전에 업무 환경이 될 수 있는지를 꼼꼼하게 체크해야 할 필요가 있을 것이다. 마지막은 '집콕 워케이션'이다. 우리가 익히 알고 있는 재택근무를 말한다. 다만 사무실에서 근무하는 것보다는 편하고, 자신만의 동선이 짜여진 공간이라 심적으로 부담이 덜하기 때문에 워케이션으로 표현했다. 또한 업무만 끝나면 바로 쉴 수 있다는 요소도 워케이션과 가까워 한 가지 형태로 봐도 부족함이 없다고 판단했다. 집콕 워케이션은 비용이 따로 들지도 않고, 평소 생활을 위해 준비했던 것들이 업무 환경에도 도움이 된다. 따라서 워케이션을 위해 더 준비할 것들이 없기 때문에 가장 접근하기 쉽고, 부담도 없다.

이런 유형들과 함께 카페나 스터디 공간 등 적당한 수준의 업무 환경이 갖춰진 곳에서 업무를 하고 이후에 이동 후 쉬는 형태의 방향성도 워케이션으로 보기도 한다. 그러나 이 형태는 업무 이후에 쉼을 위해 이동해야 하는 경우가 많아 완벽히 워케이션으로 보긴 어려워 따로 유형으로 분류하진 않았다. 하지만 업무가 가능하다면 활용할 수 있는 공간이 우리 주변에 많이 존재하고, 이런 공간을 제공하고자 하는 서비스도 많아지고 있는 추세다. 따라서 앞으로도 사무실이 아닌 다른 공간에서 업무를 하는 형태는 더 많아지지 않을까 예상한다.

# 모로 가도 서울만 가면 된다

이런 워케이션 트렌드의 확산에는 “모로 가도 서울만 가면 된다”라는 마인드가 큰 몫을 담당했다고 본다. 사실 나쁘게 해석하면 딱히 좋은 말은 아니다. 수단과 방법을 가리지 않고 목적만 달성하면 된다는 뜻이니 말이다. 하지만 이 개념에서 부정적 방법을 제거한다면, 현 시점의 트렌드에서 MZ세대들이 가지고 있는 의식을 찾아볼 수 있다. 바로 ‘결과 우선주의’이다. 여기서 말하는 결과란 무조건 결과로만 평가한다는 뜻이 아닌, 과정의 완결성을 의미한다. 이해를 돕기 위해 나의 사례로 생각해보자. 내가 원고 집필을 시작했다고 가정했을 때, 분명 해당 원고를 언제까지 완성해야 한다는 마감 날짜를 제시 받았을 것이다. 당연히 이를 지키기 위해 노력한다. 하지만 그렇다고 해서, 내가 반드시 작업실과 같은 공간에서 원고 작업을 해야 한다는 룰이 있는가? 없다. 나는 노트북을 사용할 수 있는 곳이라면 어디서라도 원고 작업을 진행할 것이다. 마감일까지 약속한 대로 원고라는 결과만 도출하면 되는 것이고, 그사이의 과정에서 고리타

분한 규칙에 통제 당하고 싶지 않다. 이런 걸 MZ세대의 성향이라고 봐도 무방할 것이다.

MZ세대는 정해진 규칙이나 관습을 딱히 반기지 않는다. 자신이 무언가 역할을 한다는 건, 결국 스스로를 위한 것이다. 자신의 발전, 혹은 자신의 경제적 여유를 위해 움직인다는 것이다. 조직의 목표를 위해 거대하게 돌아가는 톱니바퀴의 일부가 되는 것은 스스로를 위해 큰 의미가 없다는 걸 깨닫고 있는 세대이다. 각자의 생각과 가치를 중시하는 만큼, 누군가가 정해놓은 암묵적인 규칙에 대해선 그다지 관심이 없다. 어쩌면 일을 사무실에서 해야 한다는 것도 과거에 존재했던 누군가가 정해놓은 규칙이었을지도 모르겠다. 하지만 이 규칙을 깰 수 있는 근거가 부족했던 것인데, 팬데믹이 가져온 재택근무가 판단 근거를 제공했다. 우려했던 만큼 업무에 차질도 없고, 오히려 몸과 마음이 편하니 능률이 더 오르는 상황도 자주 발생했던 것이다. 결국 MZ세대는 목표 지향형이다. 목표만 정확하게 제시하면, 오히려 강한 책임감을 느낀다. 스스로를 위해 어떤 방향성을 갖고 유지해야 하는지 잘 알고 있기 때문에, 기대했던 결과를 만들어 낸다. 그래서 "모로 가도 서울만 가면 된다"라는 말은 수단과 방법을 가리지 않는 행동이 아니라, 기존의 관습이나 규칙을 타파하고 적극적으로 목표를 추구하는 현 시대의 사고 트렌드를 상징한다고 보면 좋을 것이다. 그래서 나는 데드라인(deadline)을 강조하는 편이다. 마케팅이나 소통 또한 이런 사고방식을 반영해 너무 느긋하게 접근하지 말고, 목표를 지향하듯 데드라인을 설정하라고 조언한다. 분명 MZ세대는 결과를 만드는 일에 관심이 많다. 일에서도 그렇고, 앞서 알아 본 행동의 경험에서도 충분히 알 수 있는 사실이다. 그러나 결과에 뒤따르는 목표 설정 없이는 불타오르지 않는다. 보통의 마케팅이나 소통에서는 목표를 설정하기 쉽지 않으니, 이를 데드라인으로 치환하는 것이다. 한정된 기간 동안만 제공하거나, 프로젝트의 종료 시점을 명확하게 인지시켜 해당 기간 안에 수행해야 결과에 기여할 수 있다는 인식을 심어줄 필요가 있다. 이는 곧 느슨한 과정에 긴장감을 더하는 것이다. SNS와 유튜브 모두 마찬가지다. 시간이 길어지면 매너리즘이 생기고, 콘텐츠도 유사한 것들이 나올 가능성이 높다. SNS에서 특정 시간이 지나면 사라지는 '스토리'와 같은 기능을 활용하거나, 정해진 기간만 참여해 최종 결과물을 도출하는 영상 같이 다양한 형태를 고려해 볼 필요가 있을 것이다.

잘 되면 더 진행해도 될 텐데 왜 안 하는 걸까? (출처: 롯데백화점)

디저트 시장을 거의 평정하다시피 한 도넛 브랜드 노티드도 트렌드에 맞춰 여러 가지 마케팅 활동을 하며 꾸준히 대중들과 소통하고 있다. 팝업스토어는 대표적인 선택인데, 경험의 중요성을 강조하며 언급한 팝업스토어가 워케이션 파트에서도 좋은 사례가 될 것 같다. 표면적으로 팝업스토어와 워케이션은 연관이 없어보이지만, 데드라인과 결과를 결합하면 달라진다. 워케이션은 결과 지향적이다. 그리고 이 결과는 MZ세대의 특성상 데드라인과 결합해야 더 효과를 거둘 수 있다. 팝업스토어도 마찬가지다. 가끔은 이런 생각이 들 것이다.

"애써 만들어 놓고 도대체 왜 한정된 기간만 진행하는 걸까?"

그렇다. 경험 중시형 팝업스토어는 정말 많은 부분이 새롭다. 그럼에도 불구하고 정말 약속된 기간만 진행하고, 이후에는 홀연히 사라져버린다. 팝업스토어 자체가 경험을 추구하는 일종의 결과라고 본다면, 팝업스토어 운영 기간은 데드라인이다. 해당 데드라인 안에 결과를 도출하라고 은근한 메시지를 보내고 있는 것이다. 그러므로 결국 트렌디한 선택으로 이어지는 게 아닐까 싶다.

## 시공간의 의미가 사라진 시대, 워케이션을 이끌다

시공간의 의미가 사라진 시대, 워케이션이 트렌드가 될 수밖에 없는 또 다른 이유이다. 일단 가장 기본적으로는 노트북과 스마트폰이 있다. 인터넷만 된다면, 언제 어디서든 업무 관련 사항들을 처리하는 게 가능하다. 하지만 노트북과 스마트폰이 다는 아니다. 우리는 시공간의 의미를 지우는 많은 플랫폼을 경험하고 있다. 대표적으로는 메타버스가 있다. 메타버스 내에 업무 공간을 구축하거나, 혹은 회의 환경을 구축하면 참여자의 위치는 의미가 사라진다. 어디에서도 스마트폰이나 노트북으로 접근이 가능하니 말이다. 노트북과 스마트폰이 의미하는 바가 다소 연결에 집중되어 있다면, 메타버스는 상호작용까지 끌어낸다. 존재하는 공간만 다를 뿐, 마치 오프라인 공간에 모여 있는 것처럼 모든 소통이 가능하다.

메타버스에 대한 이해만 있다면, 굳이 한 곳에 모일 필요가 없다. 우리 FIS는 경영전략회의를 메타버스로 개최했다. 이날 회의에서 임직원은 블록체인 기반 정부 공모사업 신기술 시장 진출은 물론, 핀테크 신기술 협력

어디에 있는지에 대한 물음이 점점 사라지는 트렌드다(출처: 우리FIS).

강화를 위한 조인트벤처 발굴 및 지원방안을 공유하는 시간을 가졌다. 무거운 주제임에도 불구하고, 딱히 문제는 없었다. 우리FIS뿐만 아니라 많은 기업과 기관이 메타버스를 활용해 시공간의 한계를 지우고 있다. 앞으로 몰입감이 높은 기술의 개발과 함께 이런 추세는 계속 될 것으로 예상한다. 플랫폼이 시공간에 대한 한계를 극복해준다면, 모두가 같은 공간에 있어야만 하는 상황은 점점 힘을 잃을 것이다. 구성원이 언제, 어디에 있더라도 함께 할 수 있는 기회가 뚜렷해질수록, 워케이션의 강점을 더 강하게 부각될 가능성이 높다. 워케이션의 효율성에 대한 부분까지 더 많은 대중들에게 인지된다면, 기업이나 기관이 존재하는 오피스의 개념은 단순한 사무실을 넘어 업무를 보는 공간 중 하나로 변모할 가능성도 있다. 단, 이런 진전을 위해선 사회적인 분위기와 기술이 선행되어야 할 것이다. 또한 꼭 메타버스가 아니더라도, ZOOM과 같은 실시간 화상 플랫폼들이 더 발전해 몰입감을 더할 수 있는 환경이 조성되어야 한다. 물론 메타버스 역시 몰입감을 더해 현실과 완벽히 연결되는 지점을 지향해야 할 필요가 있다. 시공간은 더 이상 한계를 만드는 단어가 아니다. 우리는 가까운 시일 내에 시공간이라는 단어를 아예 잊게 될지도 모른다.

# 공간의 재발견을 만드는 홈코노미, 핵심은 '빈틈'

워케이션에 영향을 주는 마지막 요소는 홈코노미다. 집(home)과 경제(economy)의 합성어다. 직역하자면 '집의 경제'가 될 텐데, 나는 집뿐만 아니라 모든 공간의 경제가 홈코노미라고 정의한다. 일단 등장 배경은 이렇다. 팬데믹으로 인해 집에서 업무가 수업을 하는 경우가 많아졌다. 그러다 보니 그간 인지하지 못했던 집의 기능을 새롭게 알게 되었고, 부족한 부분들을 소비로 채우기 시작한 것이다. 예를 들자면 이렇다. 집에서 업무를 오래 하다 보니 몸이 뻐근하고 불편하다. 기존에는 이렇게까지 오래 앉아 있을 일이 없어 인지하지 못했던 것이다. 하지만 집에서 업무를 하며 불편함을 인지하게 되었고, 결국 편안한 의자 하나를 구매한다. 이런 식으로 소비가 발생하였는데, 이게 생각보다 굉장히 큰 규모로 이뤄지니 하나의 트렌드로 받아들이게 되었다. 그래서 '홈코노미'라는 단어를 사용한다. 주목할만한 건, 홈코노미의 양상이 생각보다 다양하게 나타난다는 것이다. 집에서 게임을 하려는 사람이 있는가 하면, 요리를 하려는 사람도 있다. 집에서 홈트레이닝을 통해 관리를 하려는 사람도 있고, 워케이션을 하려는 사람도 있다. 즉, 각자의 상황이나 목표에 따라 다양한 소비가 이뤄질 수 있다는 것이다. 그래서 트렌드 면에서 주목할 수밖에 없고, 기업은 특히 마케팅의 면에서 신경 쓰지 않을 수 없는 요소가 되었다.

홈코노미의 근본적 원인은 팬데믹이었지만, 홈코노미에 가속도를 붙인 건 정보의 접근성 향상이다. 가장 대표적으로 홈쿡이라는 단어로 표현되는 요리를 생각해보자. SNS와 유튜브에 존재하는 레시피가 얼마나 많은가? 사실 지금의 정보로는, 요리 초보자여도 충분히 근사한 음식을 만들어 낼 수 있다. 그야말로 하나부터 열까지 모두 갖춰진 정보들이 많기 때문에 방향성도 흐트러지지 않는다. 그정도로 정보가 갖춰져 있고, 대중들은 언제나 해당 정보에 접근할 수 있다. 홈트레이닝도 마찬가지다. 요즘은 기구만 사면 집에서 완벽하게 운동을 할 수 있다는 이야기까지 나온다. 유튜브에 존재하는 운동 관련 영상들이 전문성 면에서 남다르기 때문이다. 워케이션 역시 같다. 업무에 대해서 궁금한 것들이 생기면, 과거보다 훨씬 더 많은 콘텐츠가 우리를 기다리고 있다. 효율성을 끌어올리기에도 쉽고, 막힘 없이 업무 과정을 수행하기에도 용이한 환경이다. 이렇듯 워케이션을 포함한 홈코노미의 개념들은 정보의 접근성을 타고 더 힘을 얻는다. 그렇다면 미래 예측도 가능하지 않을까? 지금보다 뉴미디어의 정보가 줄어들리는 없을 것 같다. 뉴미디어에서 양질의 콘텐츠를 제공하는 건 곧 수익성과 연결되는 일이기 때문이다. 같은 정보가 비슷한 맥락에서 넘칠 순 있겠지만, 최소한 정보가 없어서 무언가를 못하는 일은 생기지 않을 것이라 생각한다. 여기까지만 보면 미래 예측은 간단히 나온다. 집, 그리고 회사 이외의 공간에서 전문적인 행동을 하는 건 그리 어려운 일이 아니라고 인식될 것이다. 워케이션 역시 더 말할 필요가 없을 것 같다.

나는 이렇게 미래에도 각광받을 홈코노미를 위해 '빈틈'이라는 개념을 제시한다. 홈코노미는 필연적으로 빈틈을 만들어낸다. 이게 무슨 뜻일까? 바로 소비의 주기 때문이다. 집에서 요리를 한다고 가정해보자. 필요한 게 많다. 단순하게는 식재료를 생각하겠지만, 조리 도구가 필요하다. 조리 도구뿐만 아니라 조미료 같은 부수적 재료도 있어야 한다. 그럼에도 우리는 대부분 주기가 아닌 단면을 바라본다. 식재료 같이 명시적으로 드러나는 대상만 생각하는 것이다. 워케이션도 마찬가지다. 분명 대부분은 일하는 행위 자체를 생각할 텐데, 사실 일을 하고자 마음먹으면 필요한 게 많다. 적정 사양의 컴퓨터나 노트북, 의자, 책상, 혹은 피로를 풀어줄 안마기 같은 것들이 생각나기도 한다. 홈코노미를 구성하는 행동 자체를 생각하면 단순하지만, 해당 행동을 하기 위해 필요한 것들을 떠올리면 결코 단순하지 않다. 단순하게 보면 빈틈이 생기게 마련이다. 그래서 이렇게 발견한 빈틈에 집중해야 홈코노미와 워케이션 트렌드를 더 잘 이해할 수 있다.

CJ제일제당은 갑작스럽게 삼성전자와 손을 잡고 '전국민 전자레인지 교체 캠페인'을 벌였다. CJ제일제당의 공식몰인 CJ더마켓을 통해 간편식 구독 서비스인 'My 큐커 플랜'에 가입하는 방식으로 참여할 수 있었다. 혹자는 의문이 들 만했다. 갑자기 전자레인지 교체라니 궁금할 수밖에 없었을 것이다. 하지만 트렌드를 보면 이유를 알 수 있다. 홈코노미 덕분에 집에서 요리하는 사람들이 늘어났고, 이들에게 식재료가 아닌 빈틈이 무엇일까 고민한 것이다. 그 고민 속에서 삼성전자의 새로운 전자레인지 제품이 떠올랐고, 해당 빈틈을 채우기 위해 동원한 게 아닐까? 앞서 지적한대로, 홈코노미는 단순 1회성 소비로 끝나지 않는다. 계속해서 필요한 게 생

갑작스럽게 다가온 전자레인지 교체 캠페인 (출처: CJ제일제당)

기고, 맘만 먹으면 빈틈을 끊임없이 찾아낼 수 있다. 빈틈에 주목하는 일이 곧 소비를 불러오는 '센스'라는 걸 잊지 말아야 할 것이다.

가구 브랜드 데스커는 강원도 양양에서 워케이션 캠페인 '워크 온 더 비치'를 진행했다. 이미 홈오피스의 기준을 제시했던 데스커는 이번 캠페인을 통해 반복되는 일상과 오피스 공간을 벗어나 색다른 곳에서 새로운 자극으로 영감을 얻고, 업무 집중도를 높이며 일할 수 있는 워케이션 문화를 제안했다. 재미있는 건 어설픈 진행이 아니라 미팅 공간, 사무기기, 용품 등을 제대로 마련했다는 것이다. 심지어 워케이션 근무자가 퇴근 후와 주말에 여가를 즐길 수 있도록 멤버십 회원을 대상으로 서핑보드 대여, 강습 할인, 카페 할인도 제공했다. 이 사례를 워케이션의 한 형태로만 본다면 조금 아쉽다. 만약 이 워케이션에 동원된 요소들을 다 따로 준비해야 했다면 어떨까? 사무기기와 용품, 그리고 여가를 위한 각종 소비가 줄을 이었을 것이다. 이렇게 소비가 뒤따르는 일인데, 기업이 관심을 보이지 않는 것 자체가 이상한 일이다. 하지만 그간 워케이션의 의미를 업무 공간을 벗어나는 것으로만 생각했기 때문에 단편적 이해가 뒤따르지 않

해변에서 일하는 걸 상상해 본 적 있는가? (출처: 데스커)

왔나 싶다. 워케이션은 홈코노미의 일부이며, 홈코노미는 다양한 소비의 연결성을 동반한다. 워케이션 역시 빈틈을 찾아야 하는 이유다.

요즘 조미료 시장은 핫함, 그 자체다. 특히 액상 조미료 시장이 주목받고 있으며, 기업들이 조미료 시장에 뛰어들고 있다. 실제로 전체 시장 규모가 약 500억 이상으로 평가받고 있다. 매출 자체도 매년 2배씩 증가하는 추세라고 하니 기업들의 관심을 받을 수밖에 없다. 현재는 조미료 시장의 일부지만, 편리함을 무기로 더 큰 성장이 예상되기도 한다. 이런 결과를 두고, 다양한 트렌드를 생각할 수 있다. 앞서 언급하고 넘어온 정보의 접근성이 역할을 했을 것이다. SNS와 유튜브에서 다양하게 접하는 요리 관련 콘텐츠들을 보고, 실제로 행동에 옮기는 소비자가 많아진 영향이 있다. 여기에 홈쿡으로 상징되는 홈코노미도 영향을 미쳤을 것이라 본다. 단, 우리는 계속 언급해 온 대로 빈틈을 보고 확장을 노려야 한다. 대부분 요

굳이 새로운 것 없는 맛의 한수 조미료, 그런데 왜 지금일까? (출처: 동원)

리라고 하면 식재료와 조리 기구를 우선적으로 생각할 것이다. 하지만 그에 못지 않게 조미료나 기타 소스류도 요리에 반드시 필요하다. 이 부분을 빠르게 알아챈 기업들은 저마다 좋은 성과를 냈다. 소스류 신제품을 출시하며 좋은 매출을 기록했고, 조미료의 아이콘인 미원도 부캐 방식 마케팅을 동원해 대중들의 마음을 자극했다. 즉, 워케이션을 이끄는 홈코노미는 여러 가지 방면에서 종합적인 소비를 고려할 때 답이 나온다. 단편적인 사고로는 다양한 소비 양상을 보이고 있는 대중들의 마음을 모두 충족시킬 수 없다는 걸 기억하자.

## 마음 불편한 동거, 앞으로는 완전히 하나가 될지도?

일과 휴식이라는 두 개념이 하나가 된다는 건 쉽지 않은 일이었다. 사실 이는 영 마음 불편한 동거다. 하지만 다양한 플랫폼과 가치, 그리고 트렌드의 변화는 불편한 두 개념을 하나로 만들고 있다. 그만큼 플랫폼, 가치, 그리고 트렌드는 우리에게 중요한 영향을 끼치고 있다고 봐야 할 것이다.

가까운 미래에 MZ세대는 기성세대의 자리를 대신하게 될 것이다. 지금의 기성세대는 노년층을 대신할 것이며, 10대 꿈나무들은 MZ세대의 자리를 차지할 것이다. 각자의 핵심 트렌드를 보자. MZ세대는 자신의 가치가 1순위다. 10대 꿈나무들은 더욱 그런 경향이 강하다. 기성세대 역시 자신의 행복에 눈을 떴다. 이런 가치관의 트렌드는 관습과 규칙의 붕괴를 가속화 할 것이며, 각자 추구하는 가치를 중심으로 세상을 바라보게 만들 것이다. 일의 개념 역시 단순히 조직에 기여하고 돈을 버는 게 아니라, 자신의 가치를 더 적극적으로 추구하게 만드는 행위로 진화하게 될 것이다. 그러니 워케이션은 단발성 이야기가 아니라, 앞으로의 트렌드를 선도할 개념이 될 가능성이 매우 높다. 아주 부정적인 전망으로 워케이션이 사라진다고 보더라도, 플랫폼이 던진 시공간 개념의 붕괴는 우리의 환경에 많은 변화를 계속해서 가져오게 될 것이다.

그러니 워케이션을 홈코노미와 연관시켜 적극적인 트렌드로 바라보기를 바란다. 각자의 공간에서, 각자의 가치를 추구하기 위한 소비는 더 많아질 것이다. 그리고 이를 뒷받침할 수 있는 상품과 서비스는 계속 공급되어야 한다. 각자가 가진 공간을 그들의 이야기로 채울 수 있는 기회를 제공하라. 공간을 선도하는 자가 트렌드를 이끌 것이다.

# 트렌드는 우아한 '책사'다

트렌드를 연구하고, 트렌드와 마케팅 강의로 기업과 기관을 만난지도 꽤 오랜 시간이 흘렀다. 방송 기획과 마케팅, 기업과 기관 마케팅 및 컨설팅을 진행하다보니 트렌드는 필연적인 단어로 피부에 다가왔다. 무조건 트렌드를 따라가는 게 답은 아니지만, 적어도 대중들이 즐기고 좋아하는 모든 걸 설명하는 데 가장 완벽한 해설지였기 때문이다.

물론 나도 처음에는 트렌드가 마치 흘러가는 파도처럼 순식간에 사라진다고 생각했다. 하지만 지금은 그렇게 생각하지 않는다. 세상에 같은 파도는 없다. 매번 새롭게 쳐오는 물결의 일부가 파도 아닌가? 나에겐 트렌드도 그렇다. 세상에 같은 트렌드는 없다. 기업과 기관, 대중들이 받아들이고 해석하는 방식이 모두 조금씩 다르다. 그래서 같은 트렌드는 없다. 각자에게 어울리는 적응법을 찾고 나면, 트렌드는 더 역동적으로 타오른다.

그러다 보니 새로운 트렌드는 계속해서 탄생하고, 신조어들로 트렌드를 설명하게 된다. 기업과 기관이 적응하는 방식도 조금씩 바뀐다. 하지만 이런 트렌드를 관통하는 본질과 뜻이 분명 존재한다. 미코노미의 핵심이 각자가 가진 '나'에 대한 관심이고, 트렌드는 시간이 흐르면 조금씩 바뀔 수는 있겠지만 본질과 뜻에 해당하는 '나'는 바뀌지 않는다. '나'를 중심으로의 새로운 트렌드가 생길 것이고, 본질과 뜻을 이해한 사람은 빠르게 적응할 수 있다. 이게 바로 내가 트렌드를 연구하는 이유이며, 트렌드를 통해 여러분에게 길을 제시하는 이유다.

그래서 나는 트렌드를 우아한 '책사'라고 말하고 싶다. 곁에서 많은 판단에 지혜를 보태는 책사처럼, 트렌드는 우리의 판단 기준을 더 확실하게 만든다. 가끔은 판단 기준이 아예 서지 않을때도 있다. 이런 모호함에 뚜렷한 이유를 더한다.

그럼에도 트렌드를 아직도 흘러가는 파도처럼 이해하는 사람들이 많다. 이 책을 통해 내가 강조하고 싶은 건, 본질과 뜻을 아는 사람은 늘 새로운 파도를 탈 수 있다는 것이다. 또한 본질과 뜻을 이해하면, 트렌드가 제시하는 지식과 느낌은 변함없이 빛날 수 있다는 사실이다. 그러니 이 책을 통해 트렌드에 대한 관념 자체를 바꾸고, 스쳐가는 현상이 아닌 본질과 뜻이 측면에서 제대로 된 이해를 할 수 있었기를 진심으로 바란다.

자료를 수집하고, 각자가 생각하는 방식들을 판단하기란 쉽지 않은 일이다. 이 자료와 판단들을 바탕으로, 나만의 시각을 갖춰 강연을 통해 전달하는 것도 마음 편한 일은 아니다. 하지만 기업과 기관, 대중들이 먼저 찾아주고 있으니 힘차게 앞으로 나아갈 수 있었다. 앞으로도 트렌드를 말하려는 나의 여정은 멈추지 않을 것이고, 이 여정이 모두에게 도움되는 순